AF532993

31

JUNGE KUNST

LÁSZLÓ MOHOLY-NAGY

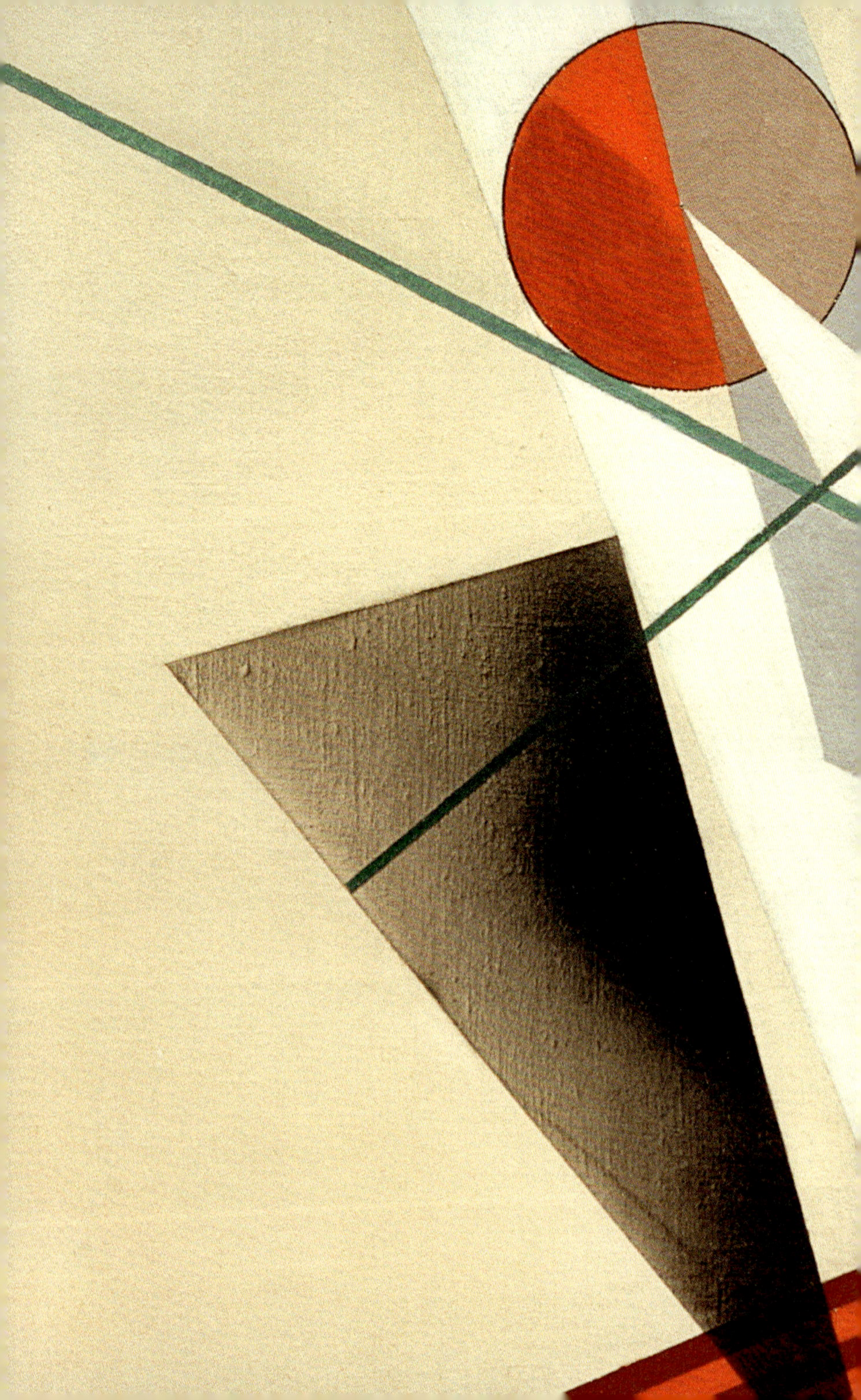

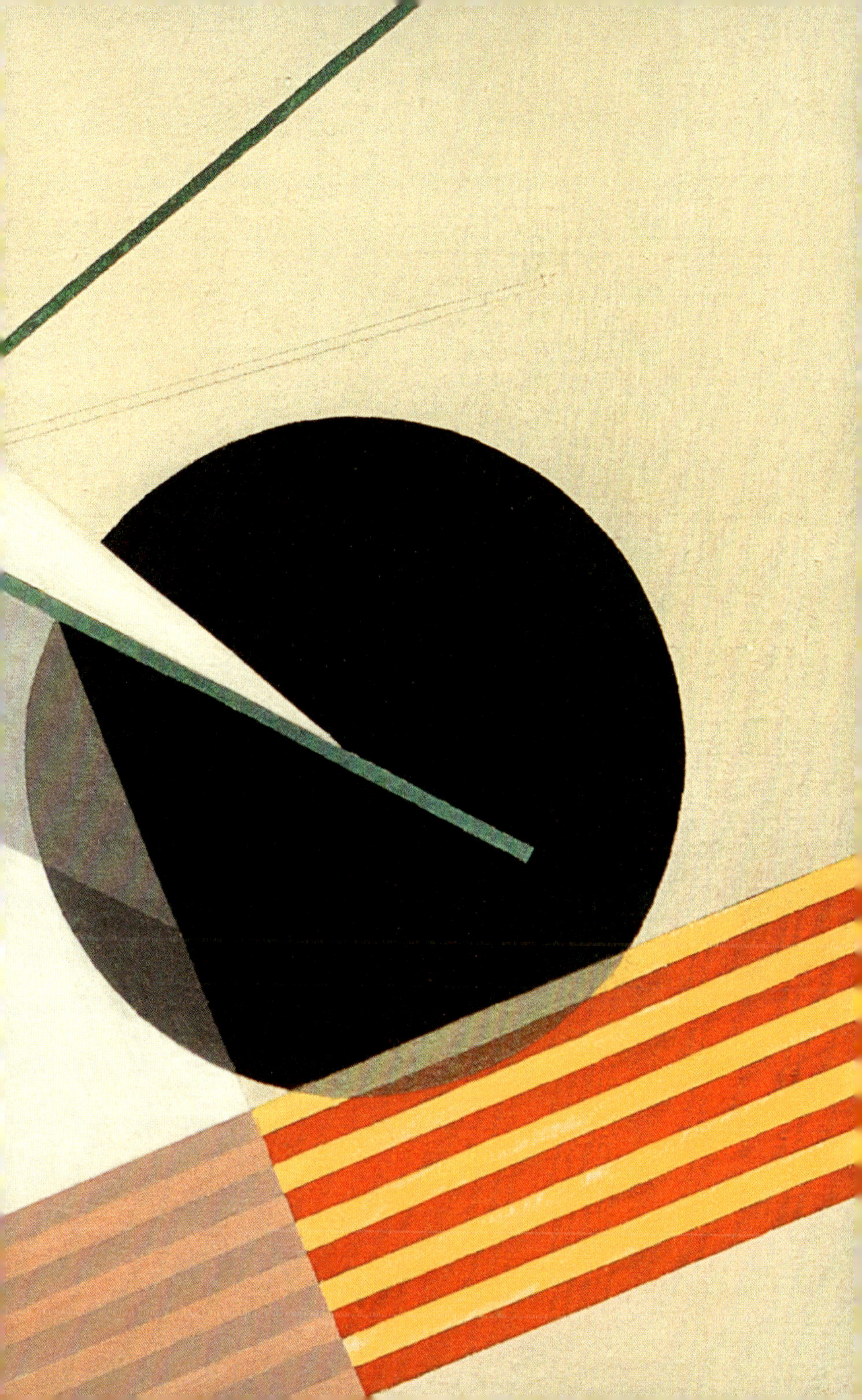

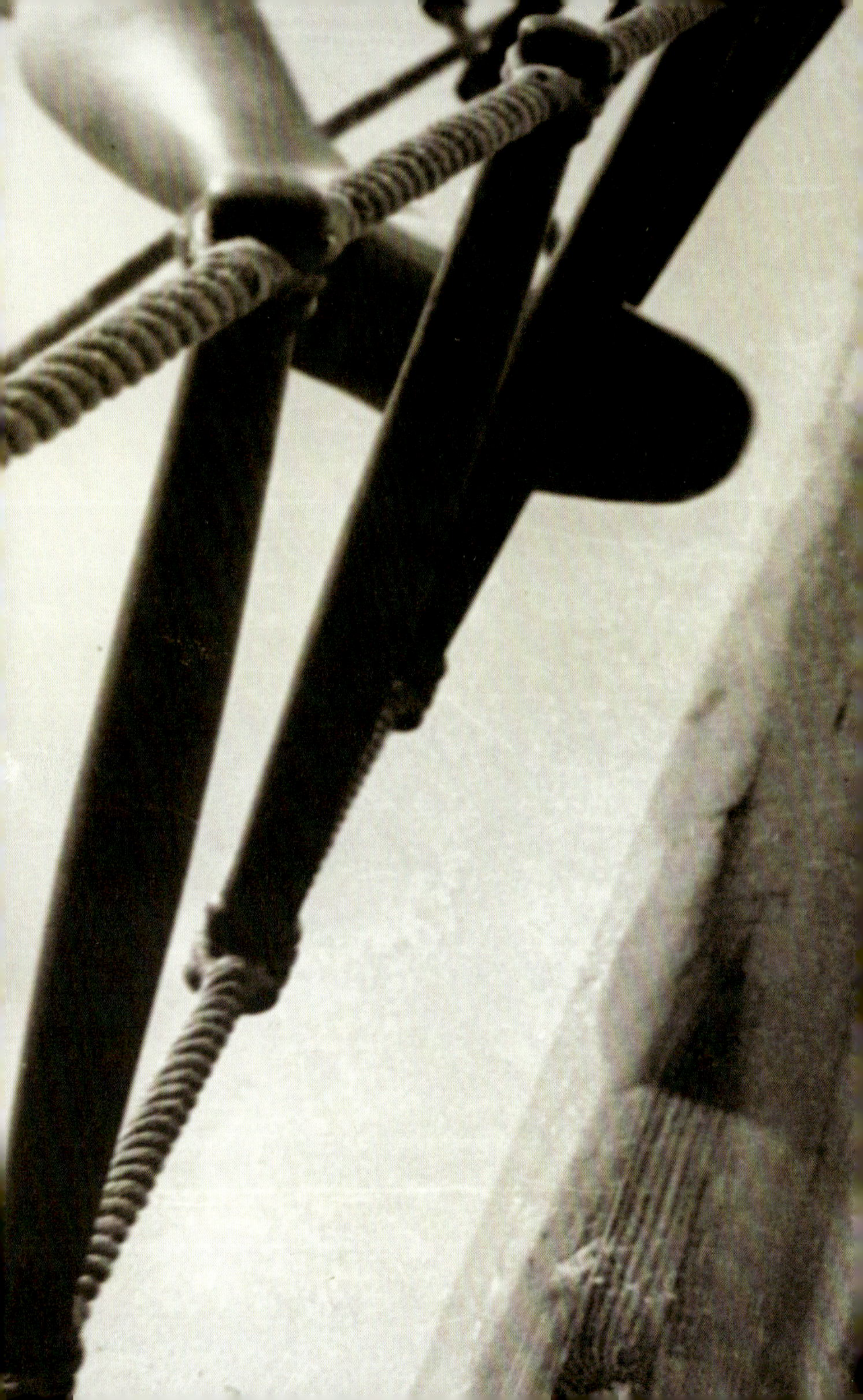

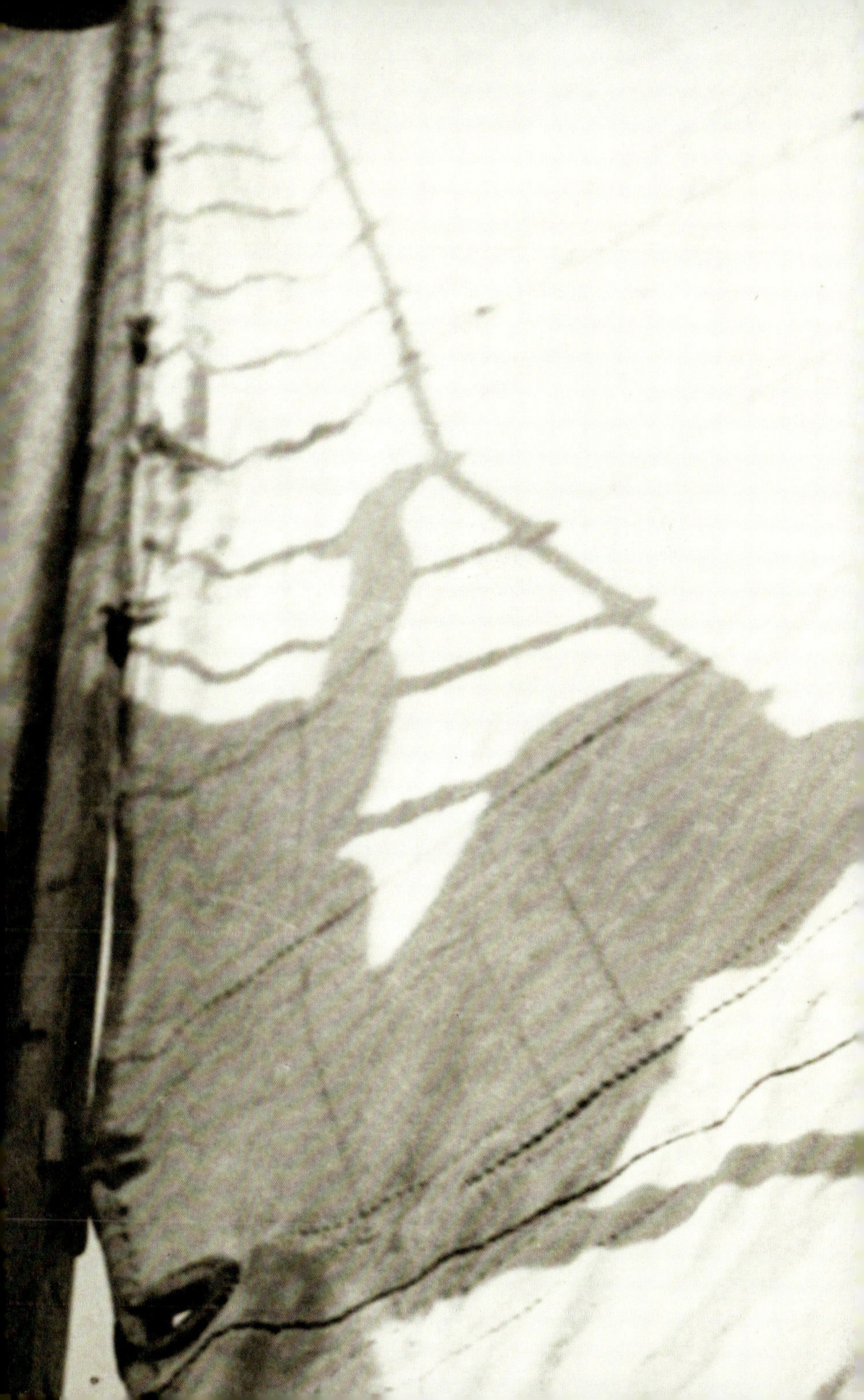

31

LÁSZLÓ MOHOLY-NAGY

Hans-Michael Koetzle

KLINKHARDT
& BIERMANN

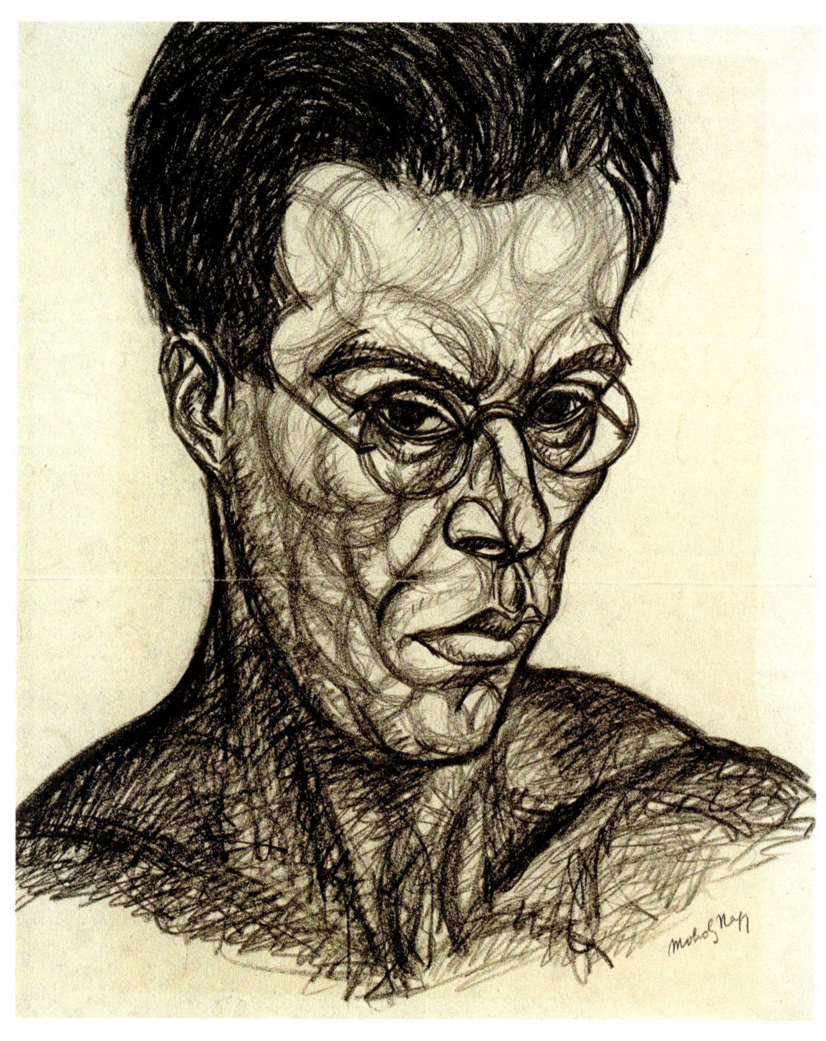

LÁSZLÓ MOHOLY-NAGY

Selbstbildnis, 1919/20, Kreide auf Papier,
Sammlung Hattula Moholy-Nagy, Ann Arbor, Michigan, USA

INHALT

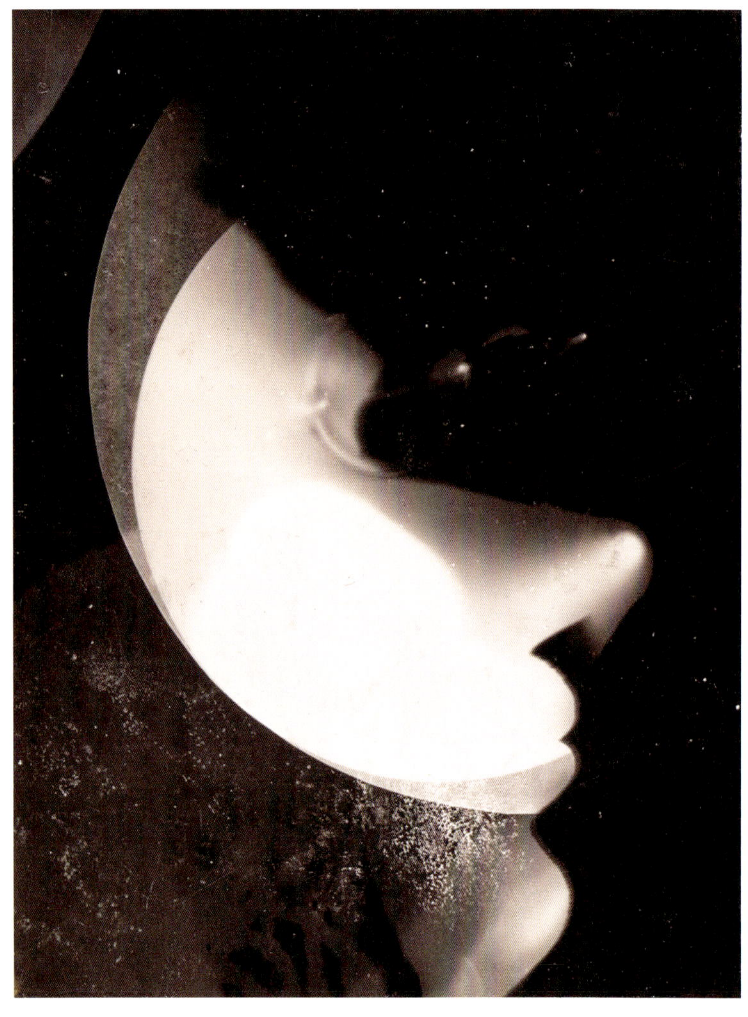

1 *Ohne Titel (Selbstporträt)*, 1926, Fotogramm, Silbergelatineprint, Fotografische Sammlung Museum Folkwang, Essen

»DIESES JAHRHUNDERT GEHÖRT DEM LICHT« LÁSZLÓ MOHOLY-NAGY ALS MULTIPLER VISIONÄR

Hans-Michael Koetzle

Der gebürtige Ungar László Moholy-Nagy (1895–1946) zählt fraglos zu den herausragenden Künstlerpersönlichkeiten der ersten Hälfte des 20. Jahrhunderts. Bereits den Zeitgenossen war das ungestüm Genialische dieses malenden, zeichnenden, fotografierenden, dazu in den damaligen Medien vermeintlich omnipräsenten Autodidakten aufgefallen. So nannte ihn etwa Herbert Read 1935 »einen der kreativsten Köpfe unserer Zeit«,[1] ein Urteil, dem sich die posthume Rezeption ohne Einschränkungen angeschlossen hat. Die Rede ist von einem »Leonardo des 20. Jahrhunderts«,[2] von einem »Renaissance-Künstler«[3] bzw. »künstlerischen Tausendsassa«,[4] von einer – mit Blick auf die Emanzipation der Fotografie als Kunst – »Schlüsselfigur«[5] im Deutschland zwischen den Weltkriegen: »Der wohl einflussreichste Apologet des Neuen Sehens im Deutschland der 20er-Jahre.«[6] Avantgarde ist ein gern verwendeter Begriff zur Charakterisierung des kreativen Aufbruchs in den Jahren nach dem Ersten Weltkrieg. Der junge László Moholy-Nagy war ein gut vernetzter Teil dieser streitbaren, entschieden internationalen Künstlerschar – und auch hier wiederum auf bemerkenswertem Vorposten: »Ein Modernist, seiner Zeit so weit voraus, dass er schon fast nicht mehr zu sehen ist.«[7]

DIE MALEREI ALS GROSSE LEIDENSCHAFT

Sich selbst hat Moholy-Nagy stets schlicht als »Maler« definiert. Eine »merkwürdige Selbstbeschreibung« wie Andreas Haus, einer der profiliertesten Kenner seines fotografischen Œuvres, konstatiert.[8] Doch abgesehen davon, dass Moholy-Nagy mit Unterbrechungen immer gemalt bzw. sich mit Aspekten der Tafelmalerei beschäftigt hat: Für den Ungarn war die Auseinandersetzung mit Pigmenten nichts weniger als der Ausgangspunkt für immer wieder neue, grundlegende Fragen rund um das Sehen, um Wahrnehmung, um Licht und Raum, um das Agieren des Menschen in einer zunehmend technikdominierten Welt. Im Übrigen gab es kaum ein Feld, kaum eine Herausforderung in der freien wie angewandten Kunst jener Jahre, der sich Moholy-Nagy nicht gestellt hätte. Fast schon mit der Neugier und Vorurteilslosigkeit eines Kindes stürzte sich der nimmermüde Dilettant auf alle nur erdenklichen Ausdrucksmittel, häufig genug parallel und stets von einem intensiven Nachdenken begleitet.

Moholy-Nagy hat das Lichtbild in seinen ästhetischen Möglichkeiten revolutioniert, die kameralose Fotografie als künstlerisches wie didaktisches Medium erschlossen, sich auf dem Feld der Schriftgestaltung bewegt, Bücher und Kataloge konzipiert, dem experimentellen Film wichtige Impulse vermittelt. Verbunden bleibt sein Name mit den künstlerischen Techniken Fotomontage und Collage – auch mit Blick auf die seinerzeit noch junge Reklame. Begriffe wie »Typofoto«, »Neue Typografie« oder »Fotogramm« gehen auf ihn zurück, zumindest haben sie sich im Windschatten seiner Aufsätze, Vorträge und seiner Lehre durchgesetzt. Moholy-Nagy betätigte sich als Theatermann bzw. Bühnenbildner, als Gestalter von Schaufenstern, er experimentierte mit neuen Materialien wie Aluminium oder diversen Kunststoffen, schuf Skulpturen sowie kinetische Objekte, von denen man sagen könnte, sie hätten eine »Ars Electronica« vorweggenommen. »Er entwickelte eine Fülle neuer Ideen«, so Walter Gropius, sein lebenslanger Mentor, ohne dass der Umfang seiner Tätigkeit »die Kräfte des Malers Moholy zersplitterten; nein, alle seine erfolgreichen Bemühungen [...] waren letzten Endes nur notwendige Umwege auf seinem Zug zur Eroberung eines neuen Raums in der Malerei. Hierin sehe ich seine führende Bedeutung. Der Malerei gehört seine größte Leidenschaft.«[9]

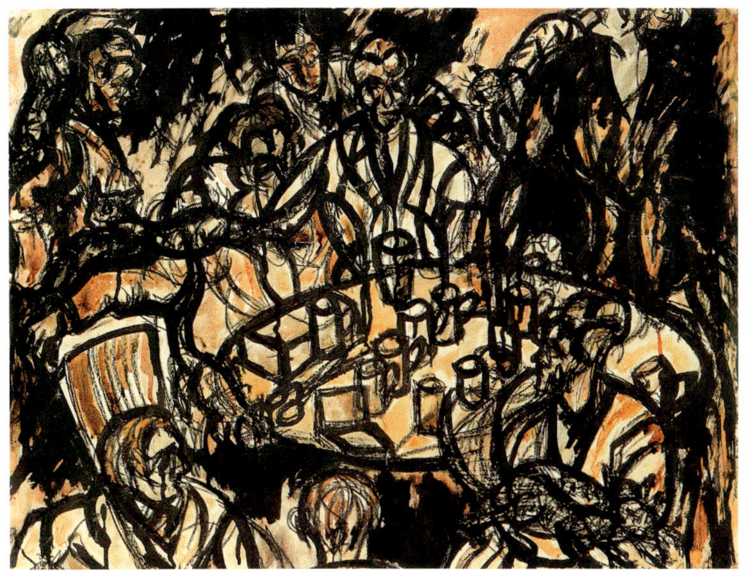

2 *Tafelrunde*, 1919, Aquarell und Tusche auf Papier, Privatsammlung, Hannover

EINER DER BESTEN SCHREIBER ÜBER KUNST

Zur künstlerischen Praxis auf den genannten Gebieten gesellte sich eine breit angelegte, nie nachlassende, stets engagiert betriebene und schon damals viel beachtete publizistische Auseinandersetzung mit Fragen rund um Kunst, Kunsterziehung und Gesellschaft. »Vielschreiberei«[10] wäre kaum das richtige Wort, aber von einer gewissen Theoriebesessenheit, wie sie bekanntlich viele Künstler jener Jahre erfasst und umgetrieben hat – man denke nur an Wassily Kandinsky –, könnte man durchaus reden. Dabei fand Moholy-Nagy zu keinem in sich geschlossenen Gedankengebäude, keiner »Kunst-«, eher einer »Künstlertheorie«,[11] die sich freilich à la longue nicht trotz, sondern wegen ihres ideenreichen Eklektizismus als nachhaltig und folgenreich erweisen sollte. Mit seinen Veröffentlichungen heißt es, habe Moholy-Nagy Maßstäbe in der Welt der Kunst und der Welt der Medien gesetzt, womit ein für sein Denken zentraler Terminus gefallen wäre. Kunst sah und propagierte Moholy-Nagy konsequent unter dem Aspekt der Kommunikation. Konstruktivist, als der er sich verstand, ging

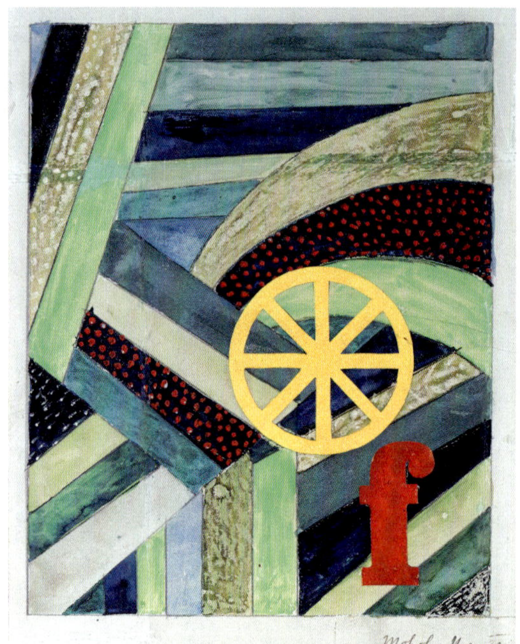

3 *F in Feld*, 1920, Collage und Aquarell auf Papier, Privatsammlung

es ihm um Wirkung. Reproduzierbarkeit erwies sich nicht als Makel, im Gegenteil konnte und sollte für ihn die neue Ästhetik geradewegs aus neuen Technologien resultieren. Ein Aspekt, der seinem Denken in Zeiten des digitalen Wandels einige Aktualität beschert.

Theorie und Praxis gingen bei Moholy-Nagy immer Hand in Hand. Dabei war die Theorie weder vorgeschaltete Handlungsanweisung noch nachgeschobene Rechtfertigung für neue Schritte auf ästhetischem Terrain, sondern grundsätzliche Lust an einer gedanklichen Grundierung seines Tuns. Mit einem erstmals 1922 in der für die Verbreitung konstruktivistischer Ideen wichtigen Zeitschrift *De Stijl* veröffentlichten Aufsatz »Produktion – Reproduktion« könnte man seine publizistische Tätigkeit beginnen lassen. Sie endet fulminant mit einer Zusammenfassung seines Denkens, Wirkens und Lehrens, 1947, also posthum, unter dem Titel *Vision in Motion* erschienen und bisweilen als sein »pädagogisches Testament«[12] apostrophiert. Dazwischen viel zitierte Einlassungen wie sein 1927 in der Jahresschau *Das Deutsche Lichtbild* publiziertes, »Die beispiellose Foto-

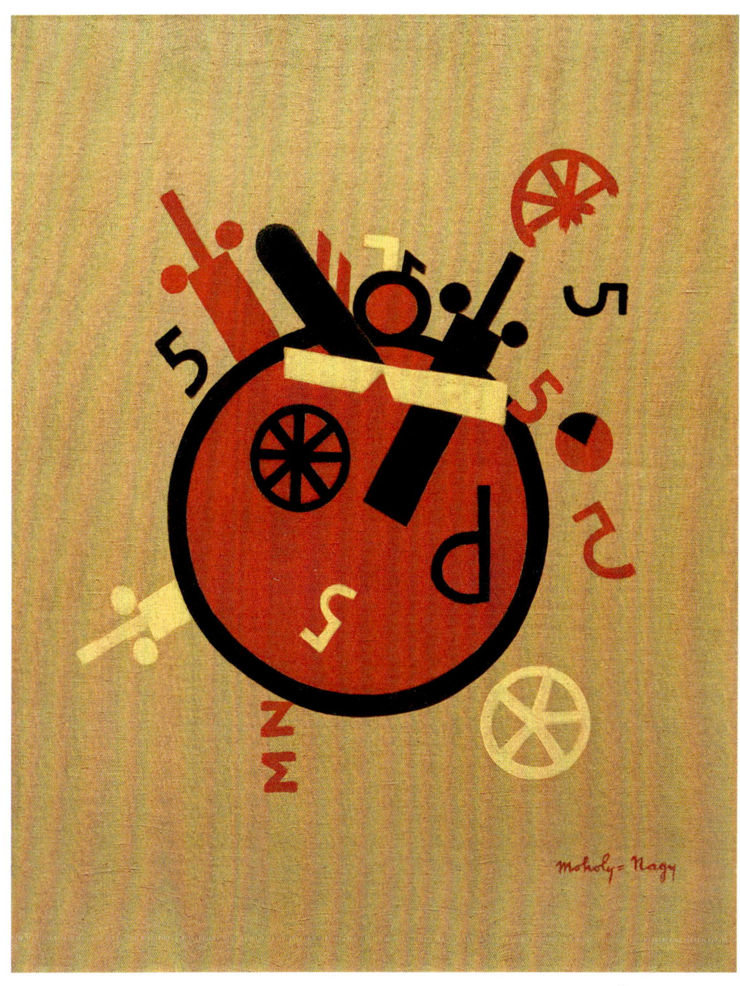

4 *Grosses Rad (Große Gefühlsmaschine)*, 1920–21, Öl auf Leinwand, Stedelijk van Abbemuseum, Eindhoven

grafie« überschriebenes Statement, in dem er sich entschieden abgrenzt von Albert Renger-Patzsch und der Neuen Sachlichkeit. »Dieses Jahrhundert gehört dem Licht«, heißt es dort. »Die Fotografie ist die erste Form der Lichtgestaltung, wenn auch in transponierter – vielleicht gerade dadurch – fast abstrahierter Gestalt.«[13] Tatsächlich erschienen seine Texte nicht nur in entlegenen, für den damaligen Austausch unter Künstlern freilich unverzichtbaren Avantgardezeitschriften wie etwa *Broom*, *MA*, *Der Sturm*, *Mécano* oder *i10* oder traditionsreichen Fachzeitschriften wie der *Photographischen Korrespondenz* oder den auflagenstarken *Agfa-Photoblättern*, sondern auch als Beiträge in Katalogen oder in populären Kulturzeitschriften wie *Schünemanns Monatshefte*, die Moholy-Nagys revolutionäre Gedanken buchstäblich in bürgerliche Heime trugen und damit dafür sorgten, dass sein Name auch in diesen Kreisen zum Inbegriff des künstlerischen Aufbruchs werden konnte. Aufgespürt und in Gestalt eines Readers erneut zugänglich gemacht hat Richard Kostelanetz dieses »Füllhorn an Einsichten«, das, wie der Herausgeber unterstreicht, »Moholys Talent als einer der besten Schreiber über moderne Kunst« eindrucksvoll bestätige.[14]

GRUNDLEGENDE AUSEINANDERSETZUNG MIT DEM LICHT

Bis heute wird der umtriebige László Moholy-Nagy vor allem mit dem Bauhaus in Weimar und Dessau konnotiert. Dies, obwohl er nur fünf Jahre an der Schule lehrte, dort der jüngste unter den Meistern war und sich neben eingeführten Größen wie Paul Klee, Gerhard Marcks, Wassily Kandinsky, Lyonel Feininger oder Oskar Schlemmer erst noch zu behaupten hatte. Doch »wie ein kräftiger, eifriger Hund«, erinnert sich sein Schüler, der spätere Fotograf Paul Citroen, sei Moholy »in den Bauhauskreisen« eingebrochen,[15] was ihm zusammen mit einem von Anfang an dominanten Auftritt gewiss nicht nur Freunde bescherte. In jedem Fall markiert seine Berufung 1923 an das Bauhaus durch Walter Gropius einen Paradigmenwechsel in der Schulgeschichte. Mit ihm endete die expressive Handwerksphase und begann, was Wulf Herzogenrath als »die das Formale betonende, konstruktivistische, frühe Produktionsphase« bezeichnet hat.[16] Konkret reformierte Moholy-Nagy den von Johannes Itten begründeten Vorkurs und modernisierte die ihm anvertraute Metallwerkstatt. Fotografie, wie oft zu lesen, hat er nie gelehrt. Und doch war er es, der durch seine Experimentierfreude mit der Kamera sowie sein 1925 erschienenes programmatisches Buch *Malerei Photographie Film* lange vor Errichtung einer Fotoklasse (1929) einen regelrechten Fotoboom auslösen und damit eine Flut an bauhäuslerischen Alltagsdokumenten provozieren sollte. Als wichtiger und entscheidender für die Etablierung der »Marke Bauhaus« erwiesen sich freilich Moholys typografische Aktivitäten, beginnend mit dem Katalog zur ersten Bauhaus-Ausstellung 1923, über die wegweisenden *Bauhausbücher* bis hin zu allerhand Drucksachen und Broschüren. Damit war sowohl ein kompromisslos modernes Erscheinungsbild, eine Art Corporate Identity angestoßen wie eine neue Typografie schlüssig auf den Weg gebracht.

Ob konstruktivistisch inspirierte Tafelmalerei, Fotografie oder Fotogramm, Lichtskulptur oder Bühnenbild: In seinem künstlerischen Schaffen ging es Moholy-Nagy nicht um die Reproduktion einer wie auch immer gearteten Wirklichkeit, um Dekoration oder Illustration, sondern um eine grundlegende Auseinandersetzung mit dem Licht. Wie früh, wie sehr ihn das Phänomen beschäftigt hat, belegt ein 1917, also noch in Ungarn verfasstes, programmatisches Gedicht, beginnend mit einem Aufruf an den Leser: »Entdecke die Lichtjahre Deines Lebens …« Mit diesem »Glaubensbekenntnis«, wie Sibyl Moholy-Nagy diese frühe Ode nannte,[17] war literarisch der Weg gewiesen. Allerdings wird man vermuten dürfen, dass ihm die Tragweite der Forderung erst mit seinem Wechsel 1920 nach Berlin bewusst und in ihrer phänomenologischen Dimension deutlich wurde. Nicht nur war Berlin nach dem im selben Jahr erfolgten Zusammenschluss der Bezirke zu »Groß-Berlin« auch dem Etikett nach zu einer wirklichen Metropole avanciert. Berlin war unbestritten eine Stadt des Lichts bzw. der Elektrizität mit seiner fortgeschrittenen Straßenbeleuchtung, einer stellenweise eindrucksvollen Lichtreklame, den zahlreichen, nachts erleuchteten Fenstern, durch die vertraute Panoramen unvermittelt ins Negativ gekehrt wurden. Nicht zu vergessen eine mächtige elektrotechnische Industrie, mit der Moholy-Nagy später tatsächlich zusammenarbeiten sollte: Sein 1930 auf der Pariser Werkbundausstellung erstmals gezeigter *Licht-Raum-Modulator* wäre ohne das Zutun der AEG kaum Wirklichkeit geworden (12).

DIE KUNST ALS INDIREKTES ERZIEHUNGSMITTEL

Die Technik hatte sich der Welt bemächtigt, und eine der Grundfragen für Moholy-Nagy lautete, wie sich der Mensch über seine Sinne in einer Umgebung zurechtfinden sollte, die von wachsendem Tempo, von Verkehr,

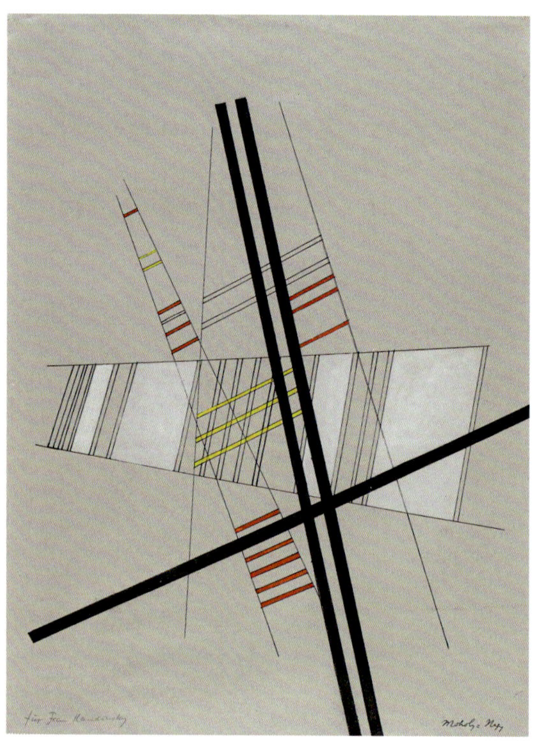

5 *Ohne Titel*, 1922, Aquarell, Tinte, Centre Pompidou CNAC-MNAM, Paris

Bewegung in der Vertikalen, überhaupt einem schwindelerregenden Alltag geprägt war. Hier setzte Moholy an, indem er der Kunst eine pädagogische Aufgabe zuwies, nämlich die Sinne zu schärfen bzw. die menschliche Wahrnehmung auf das Niveau einer unaufhaltsamen und vom Künstler im Prinzip durchaus begrüßten Technisierung der Welt zu heben. Für ihn fungierte »kunst als indirektes erziehungsmittel, das die sinne des menschen schärft und sie gegen alle möglichen überrumpelungen schützt, und zwar mit intuitiver sicherheit, vorbeugend für einen noch nicht eingetroffenen[,] aber sicher erfolgenden zustand.«[18] Rund um diese idealistische, um nicht zu sagen utopistische Formel, prominent vorgetragen im letzten der 14 *Bauhausbücher – von material zu architektur* (1929) – organisierte László Moholy-Nagy seine künstlerische Produktion, aber eben auch seinen experimentellen Unterricht in Weimar, Dessau und Chicago, wo es weniger um Ausbildung im traditionell handwerklichen Sinne als um eine

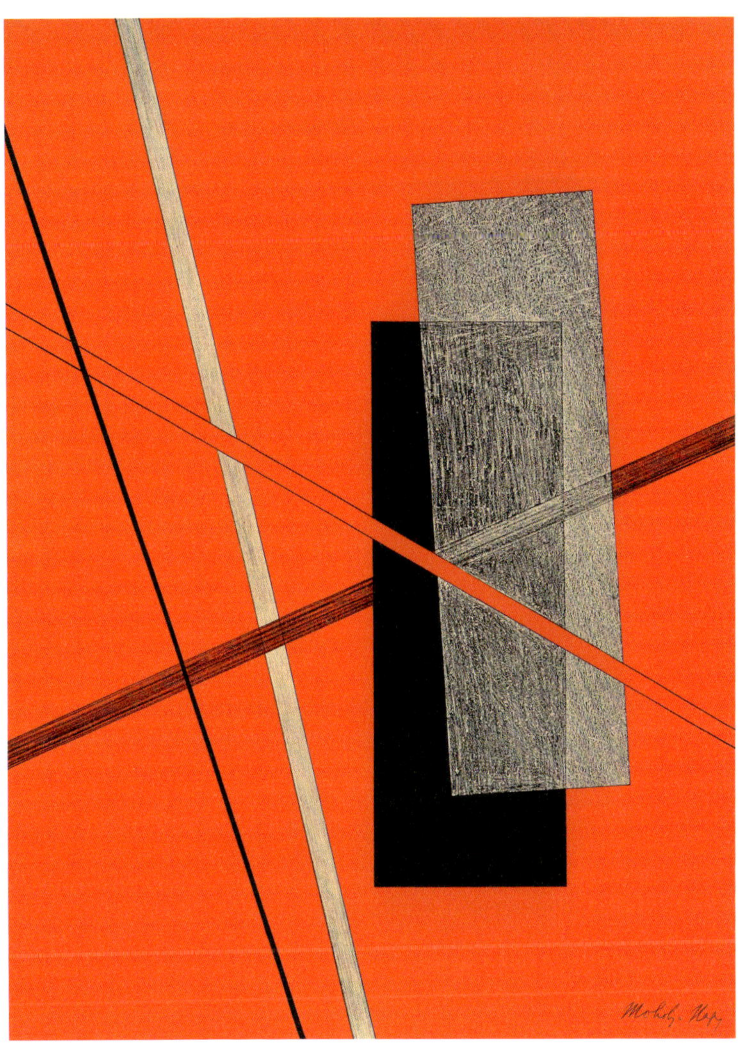

6 *Konstruktion* (Blatt 1 für die *Kestner-Mappe* Nr. 6, Hannover 1923), um 1922, Lithografie, Sammlung Deutsche Bank

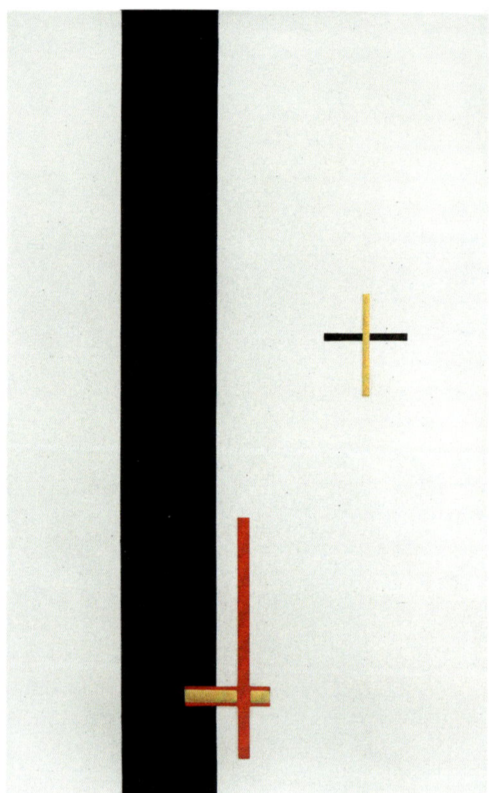

links: **7** *Telefonbild Em 2*, 1922, Email und Stahl, Schenkung Philip Johnson in Erinnerung an Sibyl Moholy-Nagy, Museum of Modern Art, New York

rechts: **8** *Auf weißem Grund*, 1923, Öl auf Leinwand, Schenkung Walter Franz, Köln 1962, Museum Ludwig, Köln

Erweiterung der perzeptiven Fähigkeiten ging. »nicht das objekt, der mensch ist das ziel«,[19] überschrieb er sein pädagogisches Programm, das sich im Kern als Versuch lesen lässt, »das Individuum umfassend zu sensibilisieren, seine Fähigkeiten zu wecken und sie zu Instrumenten auszubilden, mit denen es eine erfolgreiche Lebensgestaltung« würde verwirklichen können.[20]

Moholy-Nagys »Auffassung von der Ganzheit der Künste, sein Wunsch, ihre Fragmentierung und Hierarchisierung zu überwinden, sein Vertrauen in die Möglichkeiten der aufkommenden Industriekultur sowie die Tatsache, dass die Unterscheidung zwischen Kunst und Nicht-Kunst, zwischen Handwerk und industrieller Produktion obsolet wird [...], sein Streben, die archaisierende Vorstellung vom Künstler als Genie durch das

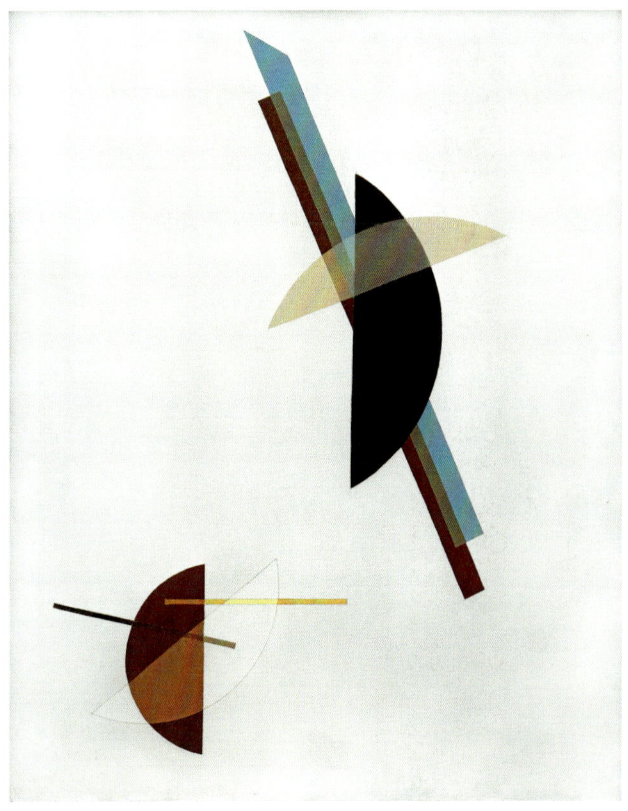

Ideal vom totalen Künstler abzulösen – all das macht ihn«, um Oliva María Rubio zu zitieren, »zu einer Persönlichkeit von fundamentaler Bedeutung in der ersten Hälfte des 20. Jahrhunderts.«[21] Ergänzend könnte man sagen: Als Lehrer, als Pädagoge und über seine Schüler, zu denen so bedeutende Namen wie Gertrud Arndt, Marianne Brandt, Hin Bredendieck, Florence Henri, T. Lux Feininger und Xanti Schwawinsky oder später in den USA Nathan Lerner und Arthur Siegel zählen, hat er ein weiteres Erbe hinterlassen.

Zu lesen ist László Moholy-Nagys pädagogische Mission wie auch sein facettenreiches Werk vor dem Hintergrund einer bewegten Zeit. Eric Hobsbawm sprach treffend von einem »Zeitalter der Extreme«,[22] wozu der Erste Weltkrieg, der Zusammenbruch der alten Habsburgermonarchie, die krisengeschüttelte Weimarer Republik ebenso zu rechnen ist wie die folgenreichen Jahre nationalsozialistischer Diktatur mit Zweitem Weltkrieg und der annähernden Auslöschung einer europäischen jüdischen Kultur. Budapest, Wien, Berlin, Weimar und Dessau und wieder Berlin lauteten die geografischen Stationen in Moholy-Nagys temporeichem Leben, gefolgt von Amsterdam, London und Chicago, wo der inzwischen naturalisierte US-Staatsbürger 1946 starb. Nicht immer freiwillig wechselte der Künstler die Orte, die Sprachen und Kulturen. Das Ende seiner Zeit am Bauhaus, die Flucht aus Hitler-Deutschland waren Zäsuren mit auch wirtschaftlichen Folgen. Wohlhabend war er nie, aber selbst Phasen existenzieller Not scheinen seinen Tatendrang nicht gebremst zu haben. Geschildert wird Moholy-Nagy als naiver Optimist,[23] als einerseits konziliant, anderseits kompromisslos und entschieden, wenn es um seine Ideen ging. Beaumont Newhall beschreibt ihn als »warmherzigen Charakter«,[24]

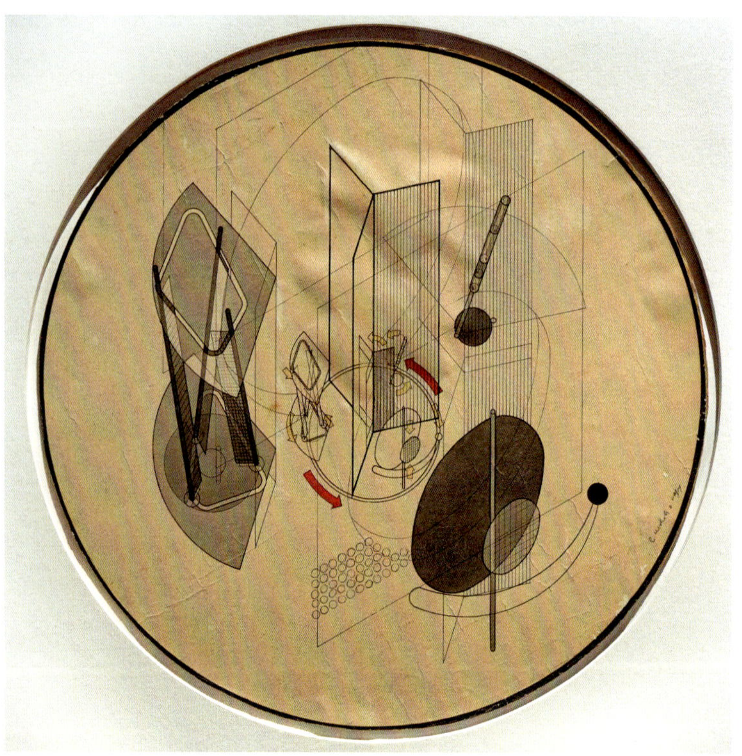

Gropius spricht von einer »expansiven Natur«, die Dritte »oft schwer zu Worte kommen ließ.«[25] Umgekehrt erinnert Werner David Feist einen Lehrer, der viel Zeit mit den »jungen Studenten in Gespräch und Diskussion in der Kantine« verbracht habe: »Er war sehr zugänglich.«[26] »Er war ein höchst anregender Geist«, urteilte der Präsident der Parker Pen Company nach Moholys Tod.[27] Kurzum ein universell denkender Mensch, der es »wie kein anderer verstand, andere in seiner Begeisterung mitzureißen.«[28] Soviel er schrieb und publizierte, so wenig Persönliches gab Moholy-Nagy in seinen Texten von sich preis. Diesen Part hat er posthum Lucia Moholy,[29] seiner ersten, und Sibyl Moholy-Nagy,[30] seiner zweiten Frau überlassen. Letztere hat denn auch einen bemerkenswerten Satz, fast schon ein Vermächtnis, überliefert. »Meiner Bildkunst bin ich mir nicht wirklich sicher«, soll Moholy kurz vor seinem Tod einem seiner engsten Mitarbeiter anvertraut haben, »aber auf mein Leben bin ich stolz.«[31]

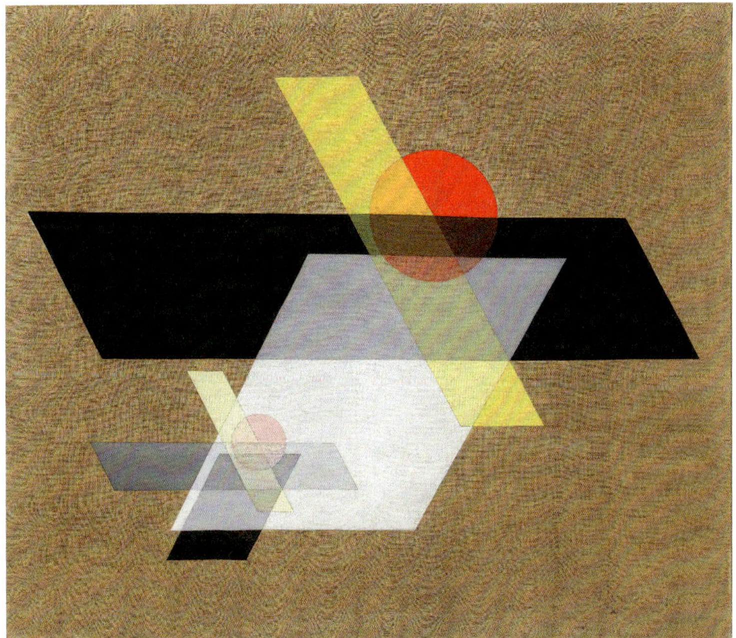

10 *A II*, 1924, Öl auf Leinwand, The Solomon R. Guggenheim Museum, New York

9 *Die Mechanik des Lichtrequisits*, 1922–30, Aquarell, Tusche, Bleistift auf kreisförmig ausgeschnittenem Papier, auf Hartfaser montiert, Bauhaus-Archiv Berlin

Die Frage wurde schon einmal prominent gestellt – im Rahmen einer Ausstellung nebst Katalog: Wie kommt es, dass ein so kleines Land wie Ungarn so viele fotografierende Künstler von internationalem Format hervorgebracht hat?[32] Namen wie Brassaï, André Kertész, Martin Munkácsi oder Robert Capa sind von der fotografischen Weltkarte nicht mehr wegzudenken. Aber auch Fotografen wie François Kollar, Lucien Hervé, André de Dienes, Dennis Gabor, Gyula Pap, Károly Escher, die Tierfotografin Ylla oder die bedeutenden Publizisten Stefan Lorant und Andor Kraszna-Krausz wären in diesem Zusammenhang zu erwähnen. Ergy (eigentlich Erzsébet) Landau nicht zu vergessen. Sie soll bereits 1919 Moholy-Nagy zum Kauf einer Ernemann-Kamera 6,5 × 9 cm veranlasst haben.[33] Im Übrigen waren dem 1895 in Borsod (später Bácsborsód) geborenen László Weisz Kunst und Kultur nicht in die Wiege gelegt. Vom Vater Lipót Weisz heißt es, er habe »die große Weizenfarm im Süden des Landes verspielt« und sei »in Amerika untergetaucht.«[34] Ein Onkel, Dr. Gusztáv Nagy, seines Zeichens Rechtsanwalt, unverheiratet und einigermaßen vermögend, fand

11 *Fotogramm*, 1922, Silbergelatineprint, Metropolitan Museum of Art, New York

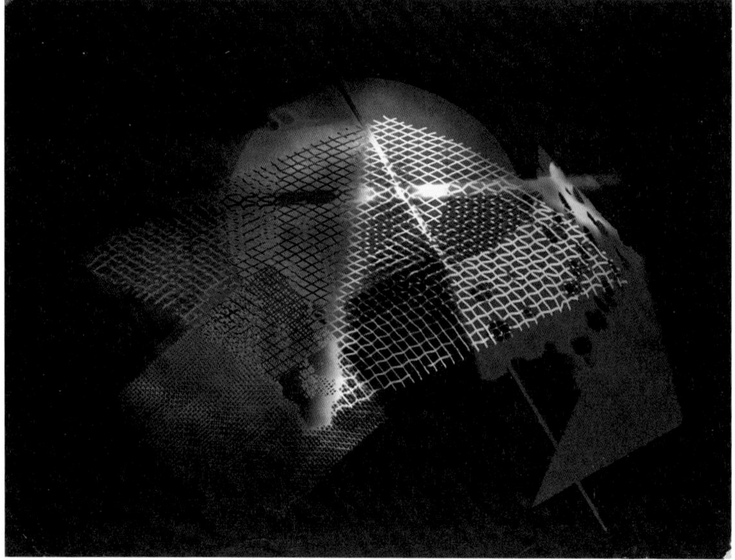

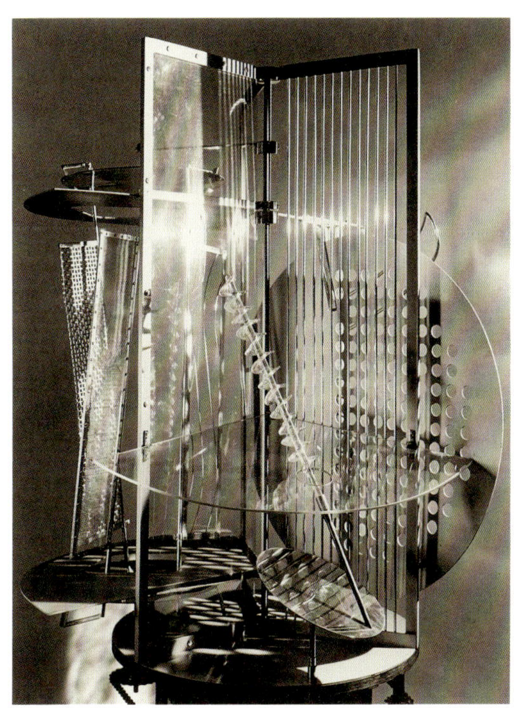

12 *Licht-Raum-Modulator,* 1922–30, Busch-Reisinger Museum, Cambridge, Massachusetts

sich bereit, die stigmatisierte Restfamilie in seinem Heim in Mohol aufzunehmen. Vor allem seine reiche Bibliothek mit ungarischer, aber auch deutscher und französischer Literatur erwies sich wohl als prägend. Früh unterschied sich der junge László von seinen Kameraden, zeichnete und schrieb Gedichte im Stil von Sándor Petőfi oder János Arany. »Er war ein ruhiges Kind«, schreibt Sibyl Moholy-Nagy, »ein leidenschaftlicher Lerner und ein Träumer, aber wild entschlossen zu tun, was er als das Beste erkannt hatte.«[35]

László, der ab 1909 den Nachnamen des Onkels führen wird, galt als anders, immerhin begabt. Mehrfach schon in der Grundschule konnte er sich Auszeichnungen sichern. Auch erste Veröffentlichungen in Zeitungen in Szeged sind belegt. Hier machte er 1913 Abitur, um sich noch im selben Jahr, einem Rat des Onkels folgend, an der Budapester Universität für Jura einzuschreiben. Weiterhin verfasste er Gedichte, und wohl bis 1917 scheint er ernsthaft literarische Pläne verfolgt zu haben. Fürs Erste machte der

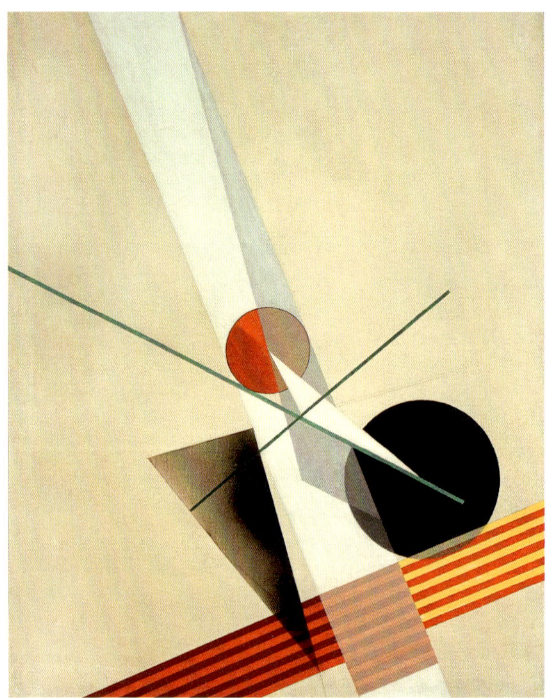

13 *Komposition A XXI.*, 1925, Mischtechnik auf Leinwand, Westfälisches Landesmuseum, Münster

Ausbruch des Ersten Weltkriegs allen Vorhaben ein Ende. Schon im zweiten Studienjahr wurde Moholy-Nagy eingezogen und nach Galizien und an die russische Front geschickt. So entsetzlich die dort gemachten Erfahrungen gewesen sein mögen – bei Moholy-Nagy führten sie weder zu Depressionen noch zu jenem Nihilismus oder Defätismus, wie er bei vielen seiner späteren Dada-Freunde nachzuweisen ist, vielmehr zu einer gesteigerten, humanistisch geprägten künstlerischen Produktion, die sich mehr und mehr in Gestalt von Zeichnungen äußern sollte. Erhalten hat sich einerseits eine nicht unbedeutende Zahl an Feldpostkarten – von nicht weniger als 400 ist die Rede[36] – mit zügig und dabei mit sicherem Strich hingeworfenen Porträts etwa von galizischen Bauern und Bürgern, von Kameraden, Verwundeten oder Krankenschwestern. Zum anderen eine Reihe von Kreideskizzen, die einerseits Einflüsse des bewunderten Van Gogh erkennen lassen, andererseits Moholy-Nagys eigenes frühes Ringen mit dem Medium belegen. Gewiss auch die Knappheit der Mittel führte zu

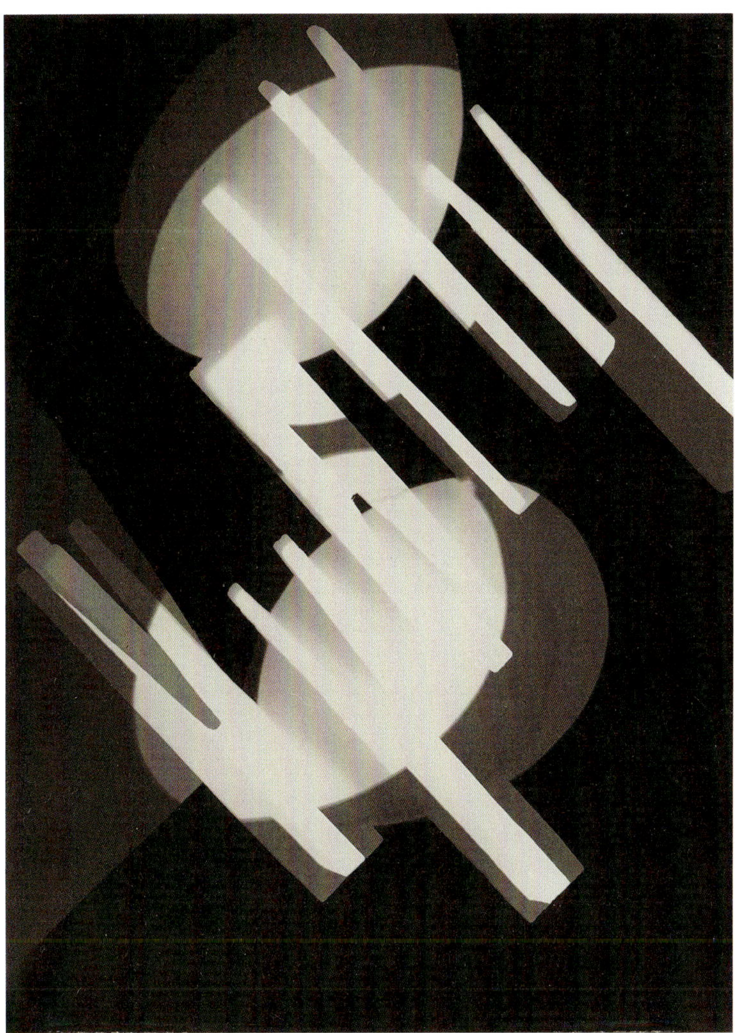

14 *Ohne Titel*, 1925, Fotogramm, Privatsammlung

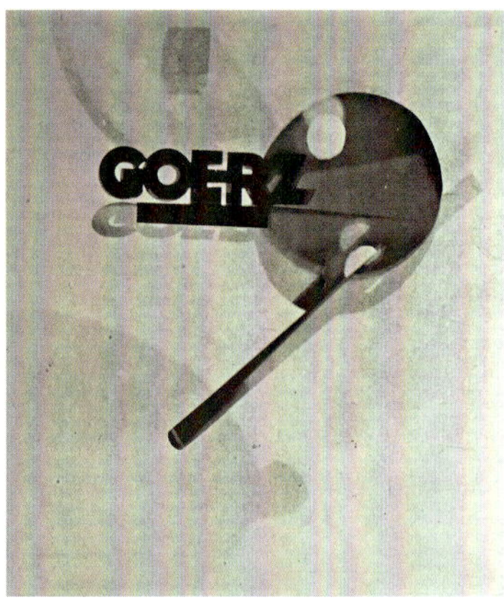
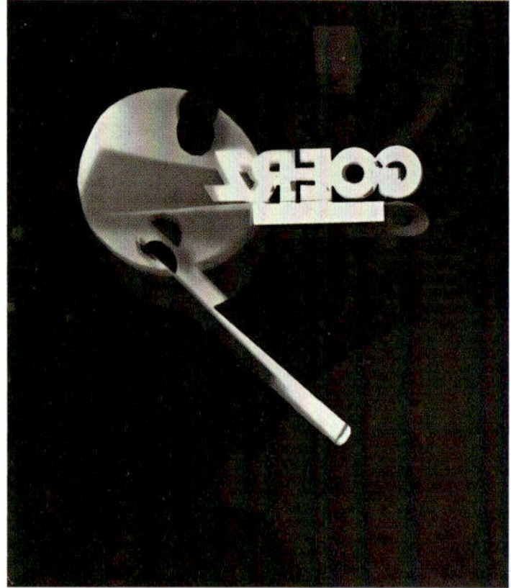

15, 16 *Ohne Titel*, Plakatentwurf für Goertz, 1925, aufkaschiertes Fotogramm und Umkehrkopie, Bauhaus-Archiv Berlin

einer intensiven Auseinandersetzung mit der Linie, wobei ihm die Resultate oft entglitten seien, wie er rückblickend bekennt. »Die Zeichnungen wurden zu einem betont rhythmischen Netzwerk von Linien, die weniger die Objekte zeigten als vielmehr meine Begeisterung über sie.«[37]
Keineswegs habe er als »abstrakter Maler« begonnen, so Moholy-Nagy in seiner 1947 publizierten, »Abstract of an Artist« überschriebenen Selbstauskunft.[38] Aber schon bald und hier bestärkt durch seine Budapester Künstlerfreunde, unter ihnen Sándor Bortnyik, Iván Hevesy und Lajos Tihanyi, wird er sich einer gegenstandslosen, den Geboten des Konstruktivismus verpflichteten Kunst zuwenden. »Er klebte farbige Papierstreifen auf verschiedenartig getönte Hintergründe und setzte farbige Formelemente darüber oder dagegen. Diese Collagen brachten ihn in eine rhythmische und emotionale Erregung, die bis dahin durch die Arbeit mit Ölfarbe auf Leinwand nicht ausgelöst worden war.«[39] 1917 war Moholy-Nagy im Feld schwer verwundet worden. Es folgten Lazarett, Genesung in Odessa und schließlich im September 1918 die Demobilisierung. Noch bis zu den Vorexamina setzte er das von Anfang an eher lustlos betriebene Jurastudium fort. Doch längst und parallel zum akademischen Betrieb begann er, sich als Künstler zu profilieren, studierte die Alten Meister, insbesondere Raffael, Michelangelo und Rembrandt, besuchte Abendkurse an einer privaten Kunstschule und schloss sich der revolutionären Gruppe *MA* (»Heute«) um Lajos Kassák an. Bereits hatte er erste Ausstellungen, so

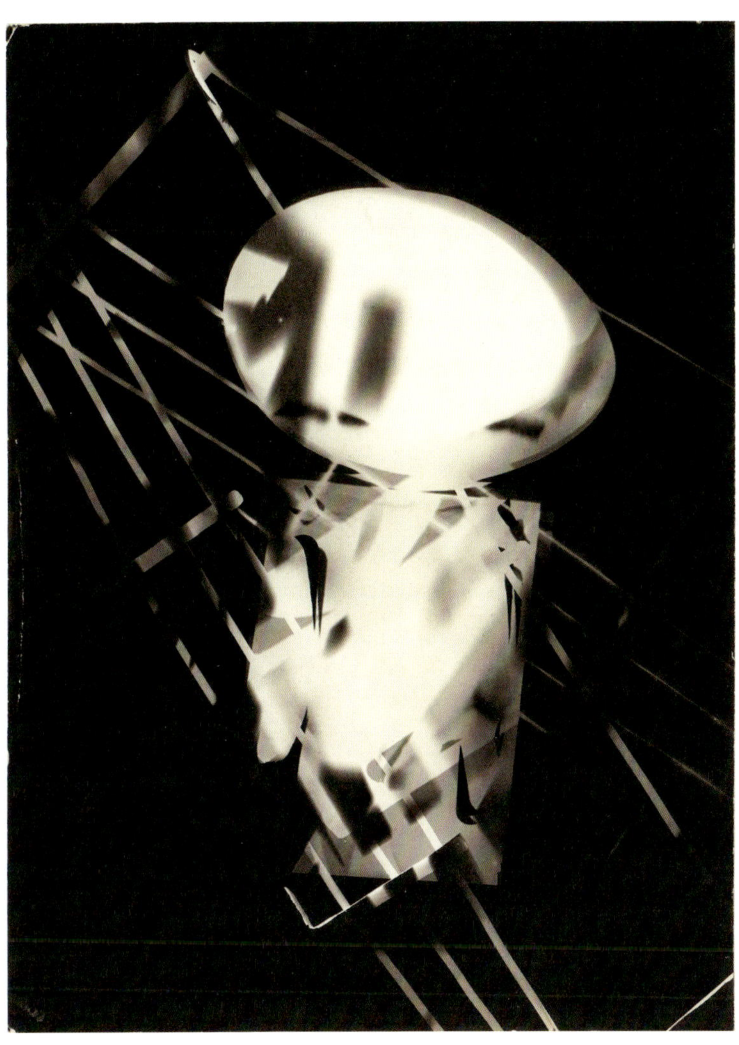

17 *Ohne Titel*, 1925–28, Fotogramm,
Centre Pompidou CNAC-MNAM, Paris

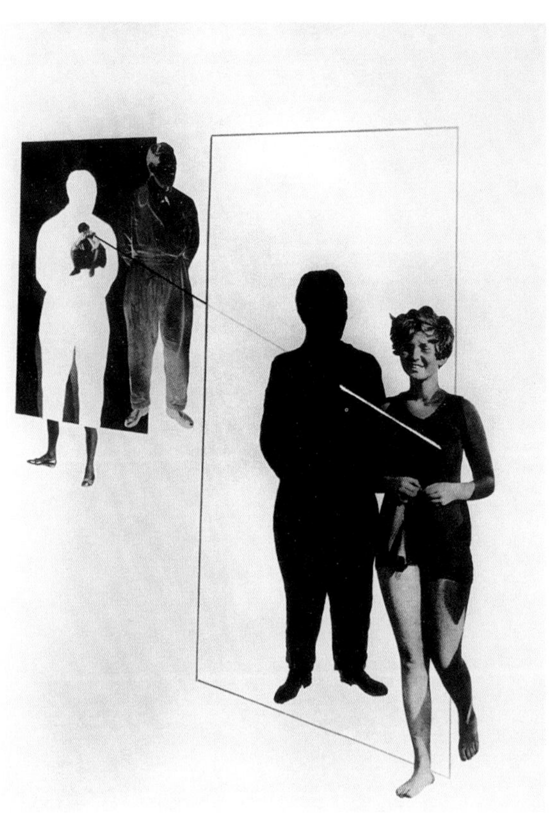

18 *Eifersucht*, 1924–27, Silbergelatineprint, Victoria & Albert Museum, London

im Nationalsalon (Nemzeti Salon) in Budapest oder in Szeged, wo es um den Bildhauer Sándor Gergely zu einer vielbeachteten Gruppenausstellung kam. Doch nach der Niederschlagung der ungarischen Räterepublik unter Sándor Garbai bzw. Béla Kun und der sich nun anbahnenden Restauration unter Reichsverweser Miklós Horthy schien ein Fortleben revolutionärer Kunst in Ungarn ausgeschlossen. Ende November 1919 emigrierte László Moholy-Nagy ins nahe Wien, dessen barocke Pracht ihn wenig begeistern konnte. Rund sechs Wochen, in denen immerhin der junge Oskar Kokoschka Eindruck auf ihn machte, blieb er in der Stadt. Zum Jahreswechsel 1919/20 entschied er sich für eine Zukunft in Berlin.

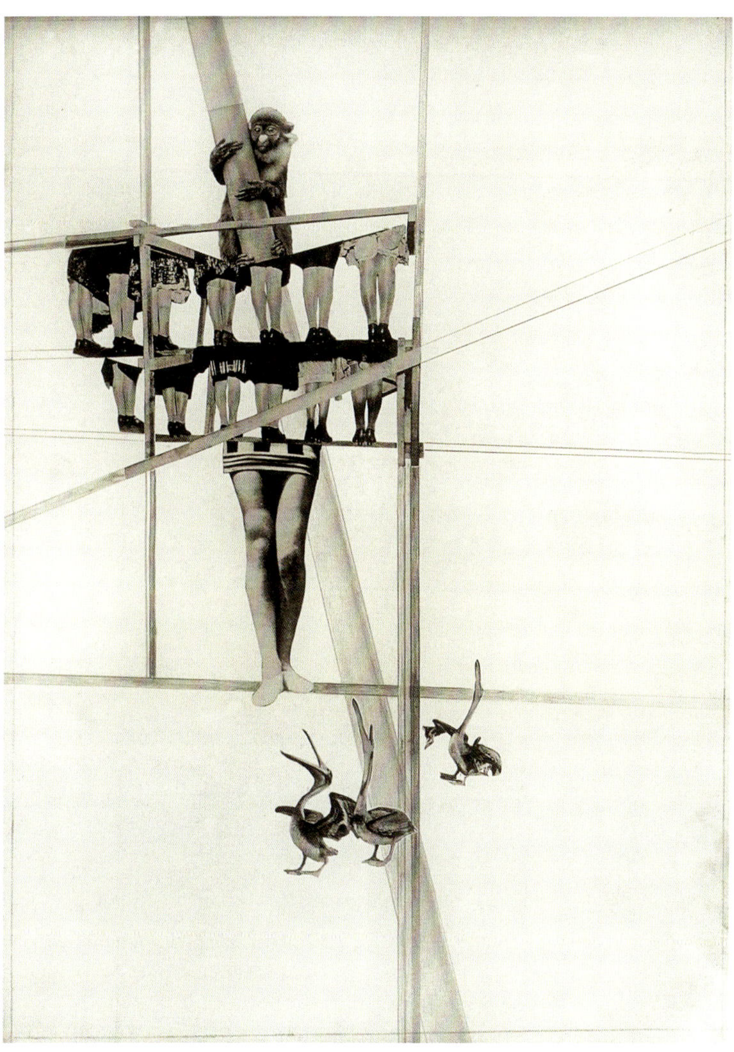

19 *Das Weltgebäude*, 1925, Silbergelatineprint,
J. Paul Getty Museum, Los Angeles

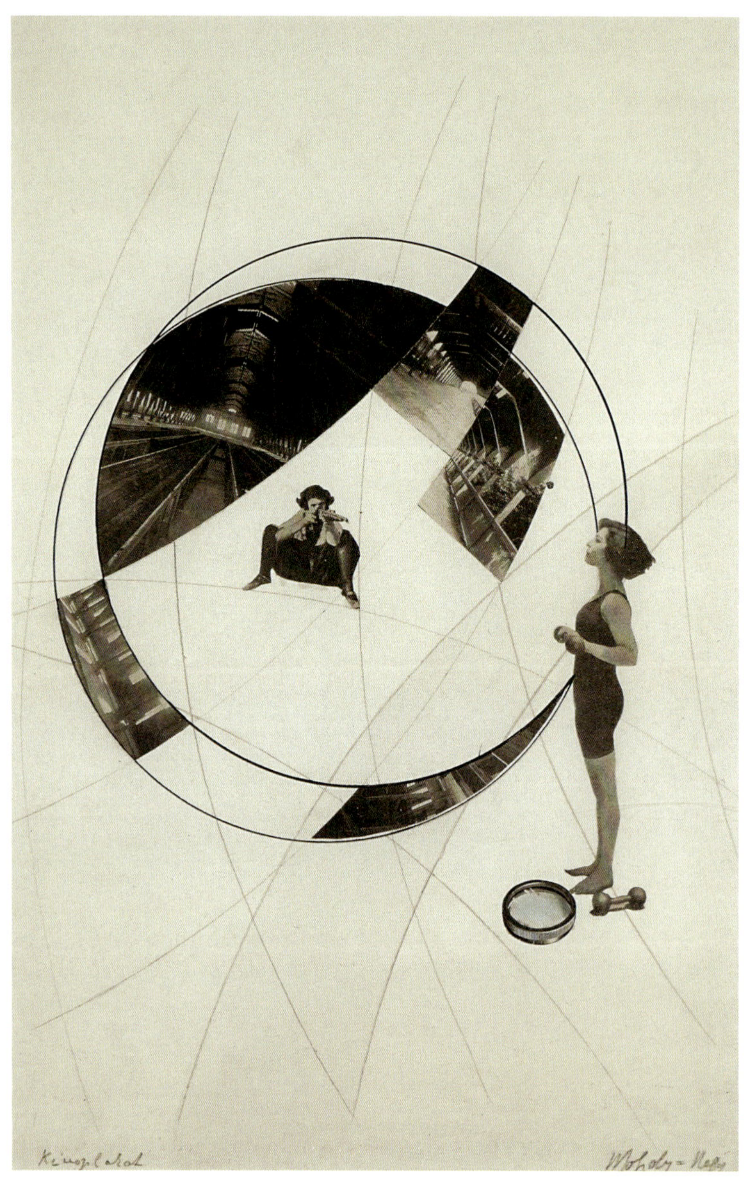

20 *Mord auf den Schienen (Liebe deinen Nächsten)*, 1925, Silbergelatineprint, Collage und Bleistift, Privatsammlung

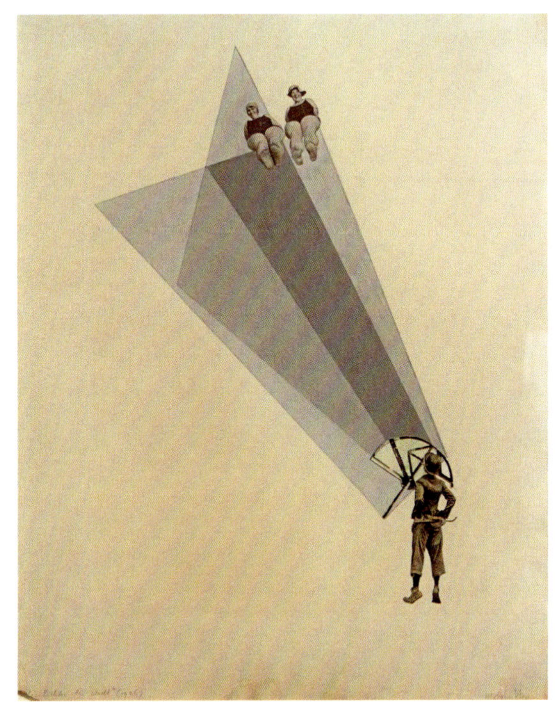

21 *Die Lichter der Stadt*, 1926, Fotocollage unter Verwendung von Zeitungsausschnitten und Tempera auf Karton, Bauhaus-Archiv Berlin

EINE ART SYMBIOTISCHE ARBEITSGEMEINSCHAFT

Wenn der Zivilisationsbruch des Ersten Weltkriegs, der unvermittelte Kollaps von Systemen und Strukturen, die Umwertung aller Werte zu einem Beben auch und gerade in der Kunst geführt hat, dann war Deutschland, besser Berlin das Epizentrum. Angesichts einer kulturellen Tabula rasa, im Freiraum einer jungen Republik und ungeachtet der politischen und ökonomischen Probleme konnte sich rasch nach 1918 eine kreative Szene etablieren, die nicht zuletzt vom Zuzug einer internationalen Avantgarde profitierte. László Moholy-Nagy war nicht der einzige Ungar, der sich für Berlin entschied. Aber er war wohl derjenige, der seine Chance am intensivsten nutzte. Vorderhand begeisterte ihn die Stadt als Metropole, ihr Tempo, ihre Dynamik, ihre industrielle Prägung. Hinzu kam: Berlin war eine Medienstadt mit Buch- und Zeitschriftenverlagen, Bildagenturen, Galerien sowie einer lebendigen Museumslandschaft. Gerade einem an

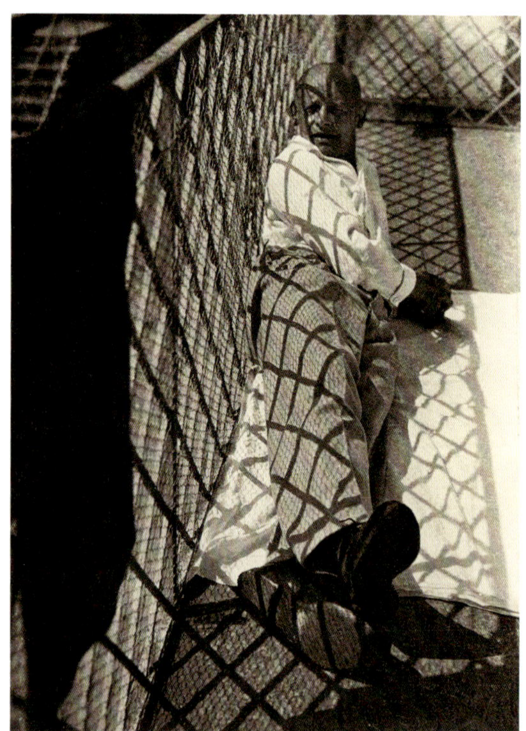

22 *Oskar Schlemmer*, Ascona 1926, Silbergelatineprint, Julien Levy Collection, Schenkung Jean und Julien Levy, The Art Institute of Chicago

technologisch unterfütterten, kommenden Ausdrucksformen interessierten Künstler musste Berlin (im Gegensatz zum Paris Haussmann'scher Prägung) als großes Versprechen erschienen sein. Dass Moholy im Januar 1920 mittellos und grippekrank Berlin erreichte, sollte dabei nicht vergessen werden. Aber schnell fand er Freunde, Gleichgesinnte, Unterstützer, unter ihnen der Arzt Dr. Reinhold Schairer, dessen 1921 in Ölkreide auf Papier ausgeführtes Porträt als letzte gegenständliche Arbeit Moholys gilt. Tagebuch hat der inzwischen 25-jährige ab 1918 nicht mehr geführt. Aber durch seine überlieferten Arbeiten, seine Publikationen, Ausstellungen und nicht zuletzt seine Künstlerfreunde ist die Nachwelt gut informiert über eine vom Start weg entschlossen angegangene Karriere in der deutschen Hauptstadt. Künstlerisch bewegte sich Moholy-Nagy im Spannungsfeld von Suprematismus, Konstruktivismus und Dada mit Namen wie Raoul Hausmann, Hannah Höch, George Grosz und Kurt Schwitters, zu

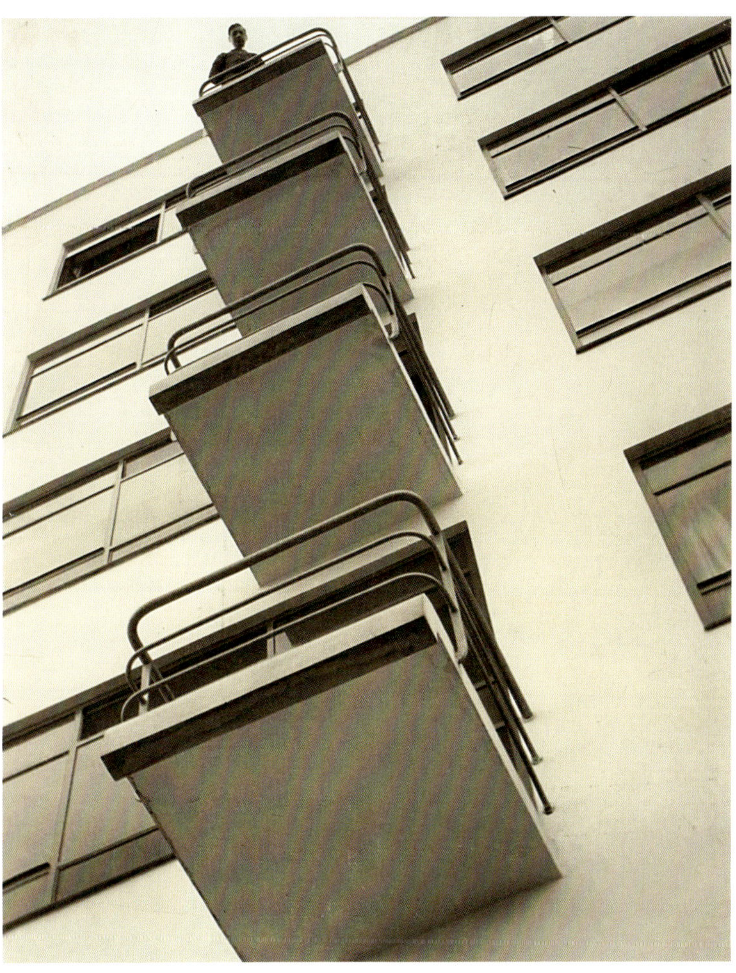

23 *Bauhaus Balkone*, 1926, Silbergelatineprint,
Courtesy of the George Eastman Museum, Rochester

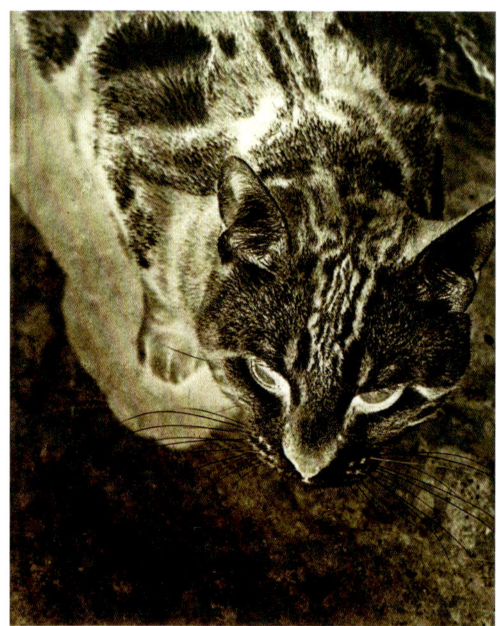

24 *Katze* (Negativ-Abzug), um 1926, Silbergelatineprint, Julien Levy Collection, Special Photography Acquisition Fund, The Art Institute of Chicago

denen sich die Russen El Lissitzky, Alexander Archipenko und Naum Gabo sowie der dänische Experimentalfilmer Viking Eggeling gesellen sollten. Vor allem Schwitters erwies sich mit Blick auf Moholy-Nagys Hinwendung zu Typografie und Collage unter Einbeziehung fotografischer Elemente (Stichwort »Typofoto«) als wegweisende Instanz, wenngleich der Ungar Moholy den gesellschaftskritisch-satirischen Weg der Berliner Dadaisten nicht mitgegangen ist, stattdessen wie in seiner Tafelmalerei einem eher geometrisch-rationalen Bildstil folgte. Selbst sprach er, um sich abzugrenzen bzw. auch auf diesem Feld ein Zeichen zu setzen, von »Fotoplastiken«, wobei seine auf 1920 datierte Collage über Gouache auf Papier, kurz *F in Feld* betitelt, seinen wohl frühesten Beitrag zu dieser künstlerischen Praxis darstellt (3).

Bereits im ersten Jahr seiner Zeit in Berlin war László Moholy-Nagy der jungen Lucia Schulz begegnet, die bereits im Jahr darauf seine Frau und bis zur Trennung 1929 sein unverzichtbares intellektuelles wie handwerkliches Gegenüber werden sollte. Lucia selbst spricht von einer »Art symbiotischer Arbeitsgemeinschaft«, die »dem Reichtum seiner sprießenden

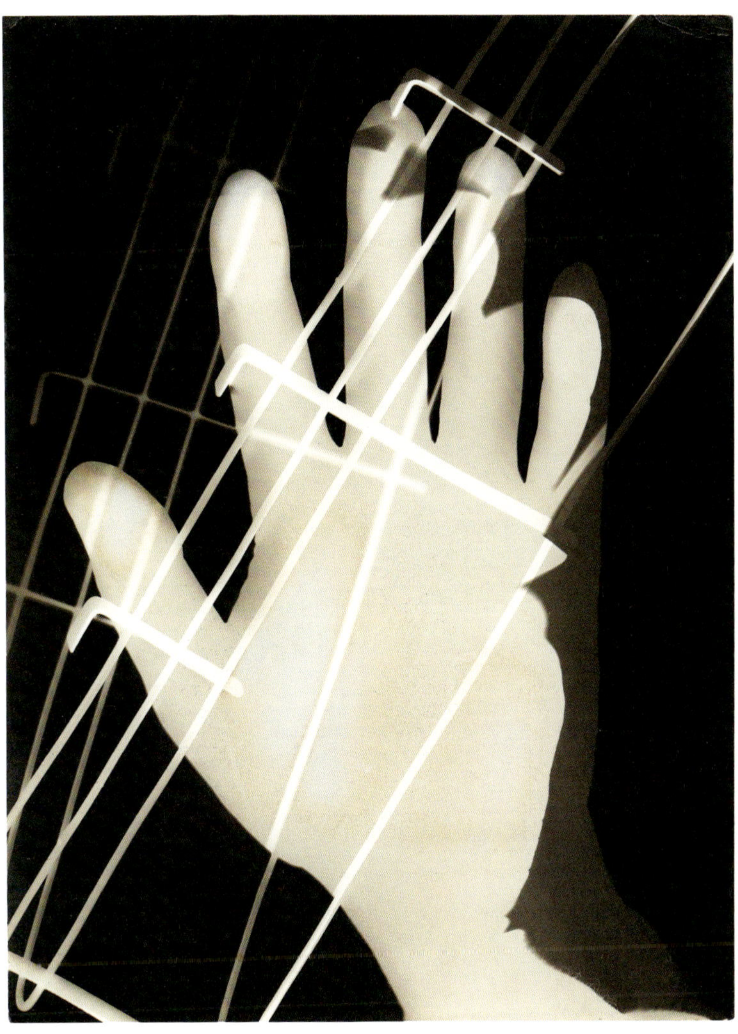

25 *Ohne Titel*, 1926, Silbergelatineprint, Ralph M. Parsons Fund, Los Angeles County Museum of Art

Ideen einen fruchtbaren Boden« bereitet habe.[40] Immerhin hatte sie ein Hochschulstudium absolviert, Vorlesungen in Philosophie und Kunstgeschichte gehört, redaktionell für Verlage wie Kurt Wolff und Ernst Rowohlt gearbeitet und sich später auch noch solide fototechnische Kenntnisse angeeignet. Was Moholy-Nagy betrifft: Er sprach ein eher unbeholfenes Deutsch und war in Sachen Buchherstellung so wenig bewandert wie mit den »Geheimnissen« der Dunkelkammer vertraut. Anders gesagt: Die Einrichtung der *Bauhausbücher*, die Genese seiner kunsttheoretischen Texte ist ohne das geistige wie handwerkliche Zutun von Lucia Moholy schwerlich denkbar, auch wenn ihr Anteil am Zustandekommen der Texte regelmäßig unterschlagen wurde. In ihren *Marginalien zu Moholy-Nagy* hat sie in aller Bescheidenheit versucht zu korrigieren: »Das Zusammenwirken von kühner Phantasie und leidenschaftlichem Realisierungsdrang einerseits sowie abwägender Grundhaltung andererseits trug in sich die Keime eines Kollektivs, aus dem, von des Künstlers ureigenster Begabung getragen, gemeinsames Denken fruchtbar werden und sich ausweiten konnte. Die sprachliche Formulierung blieb dann meist mir vorbehalten.«[41]

BILDER VON ZAUBERHAFTER UNDURCHSICHTIGKEIT

Ein eigenes und nicht nur für die Zusammenarbeit mit Lucia bedeutendes Kapitel stellt die 1922 erfolgte Hinwendung zum Fotogramm dar. Bekanntlich hat Moholy-Nagy die Technik einer kameralosen Fotografie nicht erfunden. Sogenannte »Naturselbstdrucke« begleiten das Medium seit seiner Bekanntmachung, reichen als Idee und Technik sogar in vorfotografische Zeiten zurück. Aber in etwa zeitgleich mit Christian Schad und dem in Paris lebenden Amerikaner Man Ray hat Moholy-Nagy das Fotogramm für die Kunst erschlossen. Er hat – in sprachlicher Anlehnung an das Telegramm – den Neologismus durchgesetzt, sich wiederholt an einer Theorie der Ausdrucksform versucht und nicht zuletzt ihr enormes pädagogisches Potenzial erkannt. Ob er nun das Verfahren bei dem legendären Konstruktivisten-Kongress 1922 in Weimar kennengelernt hat, wo ihm Tristan Tzara Blätter aus Man Rays soeben in Paris erschienenem Portfolio *Champs Délicieux* gezeigt haben soll,[42] oder, wie immer wieder zu lesen ist, bei einem Ausflug in die Rhön, wo man beim Besuch einer Reformschule der

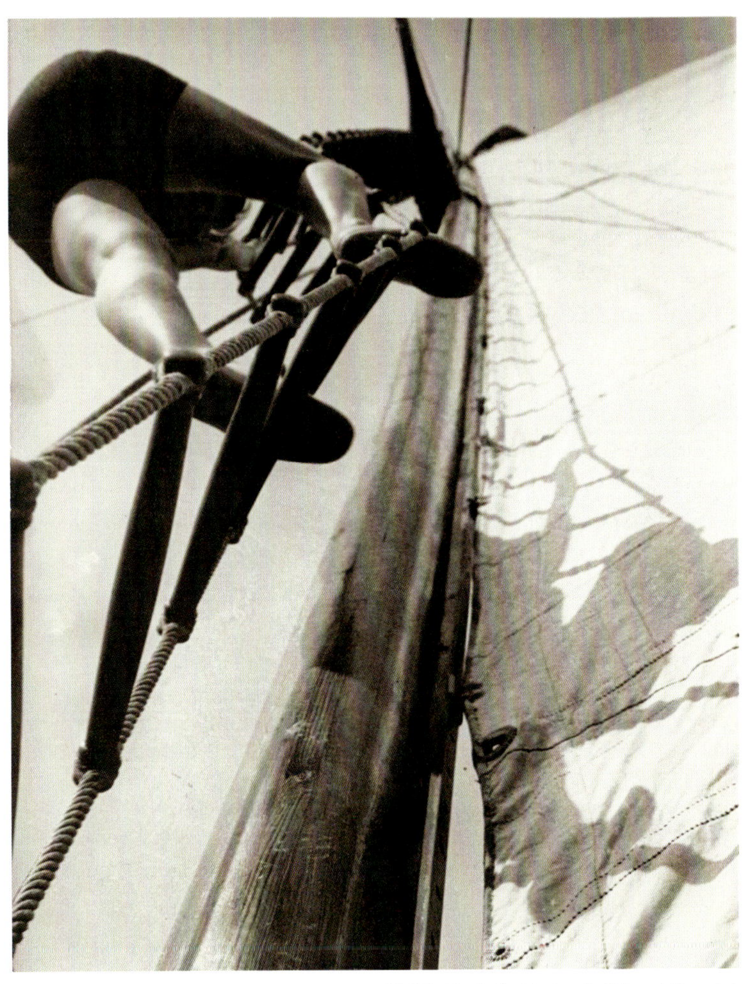

26 *Climbing in the Mast*, 1928, Silbergelatineprint, The Metropolitan Museum of Art, New York

Technik des Fotogramms begegnete, bleibt unerheblich. Schnell, und darum geht es, hat Moholy-Nagy das Verfahren adaptiert und in einer Weise ins Zentrum seiner künstlerischen Bemühungen gerückt, dass zu Recht von einem Höhepunkt seines Œuvres gesprochen werden kann.

Im Fotogramm gipfelte sein Ringen um das Licht, seine Auseinandersetzung mit dem Raum, sein Kampf um die Sensibilisierung der Sinne. Was

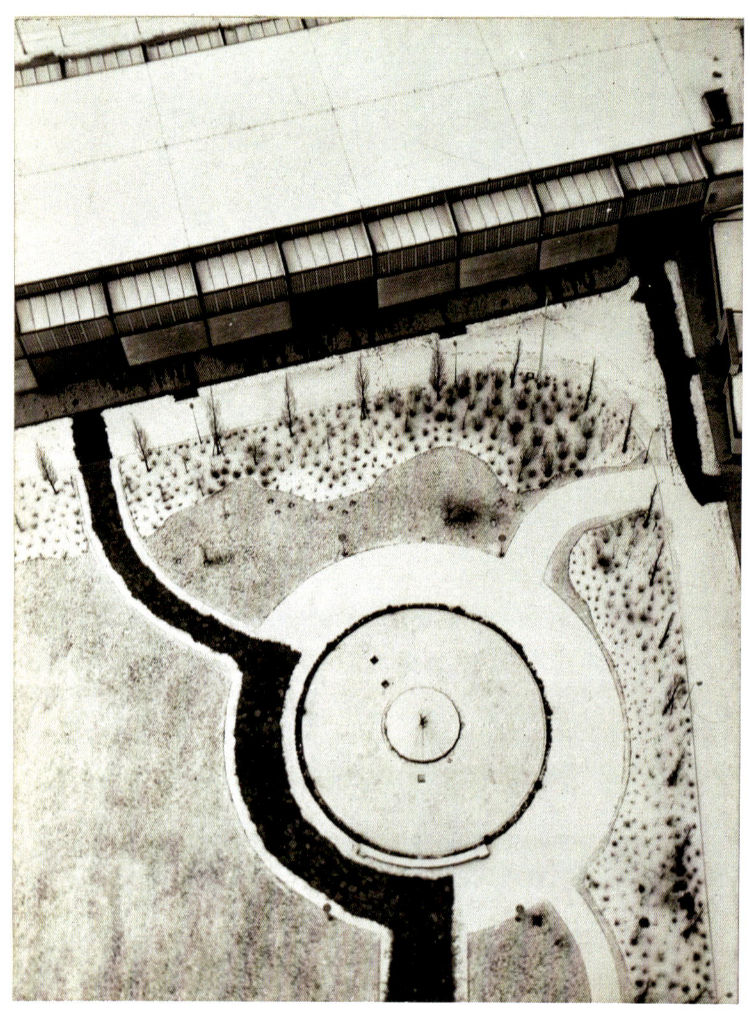

27 *Blick vom Berliner Funkturm*, 1928, Silbergelatineprint, Centre Pompidou CNAC-MNAM, Paris

mit Arbeiten auf einfachem Tageslicht-Auskopierpapier begann, wurde mit dem Zugriff auf eine Dunkelkammer, dem Einsatz von Entwicklungspapier sowie künstlicher Beleuchtung, durch die Objekte etwa unterstrahlt werden konnten, zu einem nicht enden wollenden Experiment, das sich bis zu seinen letzten Jahren in Chicago zog. Wobei es Moholy, im Gegensatz zu Man Ray, nicht um die surreale Verfremdung erkennbarer Gegenstände ging, sondern um ihre Auflösung zugunsten amorpher, immer wieder überraschender, sublimer Kompositionen in Schwarz-Weiß. Er arbeite, heißt es, »lasierend mit Licht«.[43] Zu Recht bezeichnet Herbert Molderings die Fotogramme als Moholy-Nagys »zentrales künstlerisches Anliegen«,[44] das sich durchaus auch als Einspruch »etwa gegen jede Idee von Ingenieurskunst« lesen lasse. So verdankten seine Fotogramme »ihren Charme gerade nicht der Klarheit und Sachlichkeit rationaler Konstruktionen – mit der von den Konstruktivisten angebeteten kühlen, emotionslosen Ästhetik der technischen Zeichnung haben sie gar nichts gemein –, sondern einer zauberhaften Undurchsichtigkeit.«[45] Wie wichtig Moholy selbst das Fotogramm als Ausdrucksmittel war, belegt die Tatsache, dass eine Arbeit beispielhaft den Weg auf den Schutzumschlag seines 1925 erschienenen Buches *Malerei Photographie Film* fand (s. S. 73). Nur kurz geht er im Text auf die Idee des Fotogramms ein, umso ausführlicher dann in dem 1928 in der Zeitschrift *bauhaus* veröffentlichten Beitrag »Fotografie ist Lichtgestaltung«, wo es in wiederum programmatischer Kleinschreibung unter anderem heißt: »die fotogrammversuche sind für laien wie für fotografen von grundlegender bedeutung. sie geben reichere und wichtigere lehren über den sinn des fotografischen verfahrens als die meist wenig bewußt, oft mechanisch hergestellten kameraaufnahmen.«[46]
Zügig scheint sich Moholy-Nagy in Berliner Kunstkreisen einen Namen gemacht zu haben. Ein 1921 in *De Stijl* veröffentlichter »Aufruf zur elementaren Kunst – an die Künstler der Welt!« zitiert ihn bereits neben Hausmann und Hans Arp. Künstlerisch hatte er seinen expressionistisch gefärbten Frühstil längst zugunsten geometrischer Flächenbilder aufgegeben. Damit stand er nicht allein, unterschied sich in seinem klaren Bekenntnis zu Ratio und Technik dann aber doch von den metaphysischen Spekulationen seiner malenden Zeitgenossen. »Höhepunkt persönlichkeitsverleugnender Objektivität«[47] dürften die in dieser Zeit entstandenen »Telefonbilder« gewesen sein (7), in Emailtechnik industriell gefertigte und der Legende nach telefonisch in Auftrag gegebene Kompositionen, die im

Rahmen seiner dritten Ausstellung 1924 in der legendären, von Herwarth Walden betriebenen Galerie Der Sturm gezeigt wurden und wohl für Gesprächsstoff sorgten. Erstmals 1922 hatte Walden Arbeiten von Moholy-Nagy gezeigt, und es war wohl diese Ausstellung, die Walter Gropius gesehen hatte, um in der Rückschau zu bekennen: »Als ich im Jahre 1922 zum ersten Mal László Moholy-Nagy begegnete, war seine Kunst von so großer Wirkung auf mich, daß ich seine Anstellung am Weimarer Bauhaus [...] durchsetzte.«[48]

MODELLE FÜR DIE MASSENPRODUKTION

Sowohl für das Bauhaus wie für Moholy bedeutete die im März 1923 erfolgte Berufung eine Zäsur. Für den Künstler war dies die erste Festanstellung, begleitet von einem Professorentitel, den er auch nach seinem Ausscheiden konsequent getragen hat. Sie bedeutete ein neues soziales wie geografisches Umfeld. Und sie bedeutete die Möglichkeit, nicht mehr nur über Aufrufe, Essays oder Pamphlete wirken zu müssen, sondern unmittelbar lehren zu können. Moholy-Nagy war wohl ein begeisterter Lehrer. Mit Blick auf das 1919 von Walter Gropius in Weimar gegründete und zu-

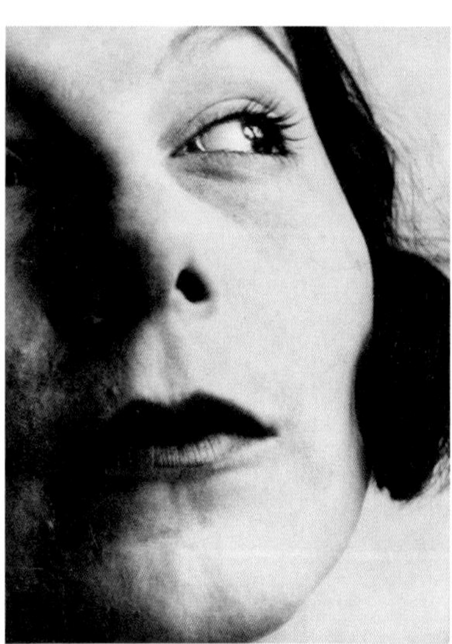

28 *Porträt Ellen Frank*, um 1929, Silbergelatineprint, Fotografische Sammlung Museum Folkwang, Essen

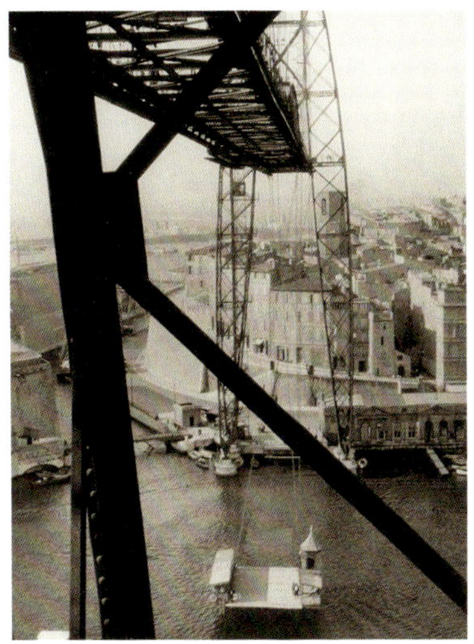

29 *Pont Transbordeur in Marseille*, 1929, Silbergelatineprint, Sammlung Spaarnestad Photo, Nationaal Archief, Haarlem

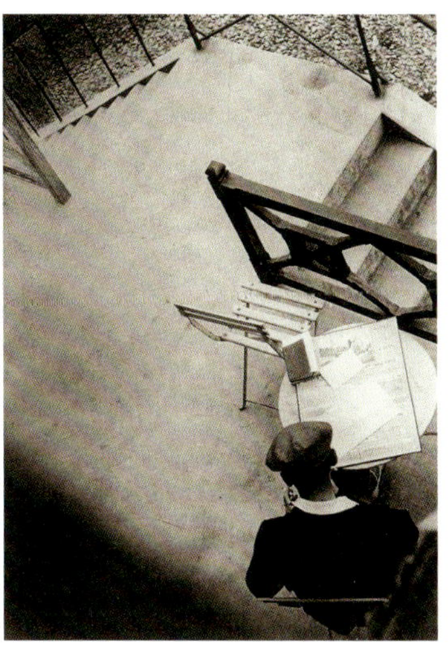

30 *Frühstück*, 1929, Silbergelatineprint, Sammlung E. und G. Tatintsian, Berlin

nächst unter die Losung »Kunst und Handwerk – eine neue Einheit« gestellte Bauhaus steht der Eintritt des 27-jährigen Moholy-Nagy für eine konzeptionelle Neuausrichtung. Zugegeben: Er war jung, in der Lehre unerfahren und nur eine unter allerhand Primadonnen mit prominenten Namen wie Kandinsky, Klee, Feininger und Schlemmer. Aber schnell erwies er sich als »feuriger Stimulator«,[49] als ein Künstler, der »in idealer Weise das Bauhaus-Konzept«[50] erfüllte und überdies das volle Vertrauen der Direktion genoss. Nicht zufällig galt er schon bald als »Gropius' Ministerpräsident«. Was Moholy mitbrachte neben einem ihm vorauseilenden Ruf als konstruktivistischer Maler, war ein unbedingter technikbegeisterter Zukunftsoptimismus. Dabei war er kein dogmengeleiteter »Funktionalist und erst recht kein unkritischer Verehrer des Maschinenzeitalters, sondern ein der Technik gegenüber aufgeschlossener Humanist.«[51] Vorderhand ersetzte Moholy-Nagy (assistiert von Jungmeister Josef Albers) den sieben Jahre älteren Johannes Itten, dessen Vorkurs wegweisend für die Reformschulpädagogik gewesen ein mag, sich in ihrer Ausrichtung am Handwerk (und im Fall von Itten flankiert von einer sektenhaft zelebrierten Esoterik) spätestens mit der Ausgabe einer neuen Losung als überholt erwies. »Kunst und Technik – eine neue Einheit«, stand richtungsweisend über der zweiten Bauhausphase, der Moholy-Nagy auch in der ihm überantworteten Metallwerkstatt seinen Stempel aufdrückte. Hatte die Abteilung noch unter der Leitung Klees vor allem »geistvolle Samoware und intellektuelle Türknöpfe« hervorgebracht, um eine Sottise von Xanti Schawinsky aufzugreifen, so ging es nun darum, »Geräte herzustellen, die die dringende Nachfrage nach guten Modellen für die Massenproduktion« befriedigten.[52] Beispielhaft sei die in Zusammenarbeit mit Marianne Brandt entwickelte Leuchtenkollektion genannt.

Was die pädagogische Ausgestaltung des Vorkurses betraf: Hier knüpfte Moholy-Nagy durchaus bei Itten an. »Auch Moholy ging es – im Sinne seiner materialistischen Weltanschauung – um die Schulung nicht nur der optischen, sondern auch der haptischen Sinnkompetenz. Ähnlich wie Itten ließ er die Studenten unterschiedliche Materialien hinsichtlich ihrer Oberflächenbeschaffenheit miteinander kombinieren, nun allerdings weniger zur Erschließung individueller Erlebnisräume, sondern zur Aufstellung rational-systematischer Tabellen.«[53] Wie sehr der Konstruktivist Moholy-Nagy seine Schüler geprägt hat, belegt der Abbildungsteil zu seinem Buch von *material zu architektur*, 1929 als letztes der *Bauhausbücher* erschienen und eine Art Bilanz seiner Bauhaus-Propädeutik. Deutlich wird bei aller kühlen Systematik allerdings auch eine expressis verbis auf Pestalozzi und Fröbel fußende humanistische Grundierung, die die Forderung nach einem »ganzen Menschen« freilich um jenen technischen Aspekt ergänzt, der Moholy von allen anderen Bauhausmeistern unterschied. »die losung ist demnach nicht gegen die technik«, so Moholy-Nagy, »sondern – versteht man sie nur richtig – mit ihr. durch sie kann der mensch befreit werden, wenn er endlich einmal weiß: wozu.«[54]

Dass das Bauhaus von Anfang an unter Legitimationsdruck stand, ist bekannt. Vor diesem Hintergrund ist denn auch die erste, fast schon überstürzt anberaumte Selbstdarstellung im Spätsommer 1923 zu sehen, deren Durchführung prompt dem Neuankömmling übertragen wurde. Einmal mehr begriff Moholy-Nagy die Herausforderung als Chance, sich autodidaktisch eines neuen Terrains zu bemächtigen. In der Folge sollte er sich allerdings nicht nur mit Fragen der Ausstellungsgestaltung verstärkt auseinandersetzen. Auch das im Zuge umfassender ästhetischer Neuerungsbestrebungen virulente Gebiet der Schriftgestaltung wurde ihm ab nun zu einem großen Thema. Rückblickend werden Ausstellung und begleitender

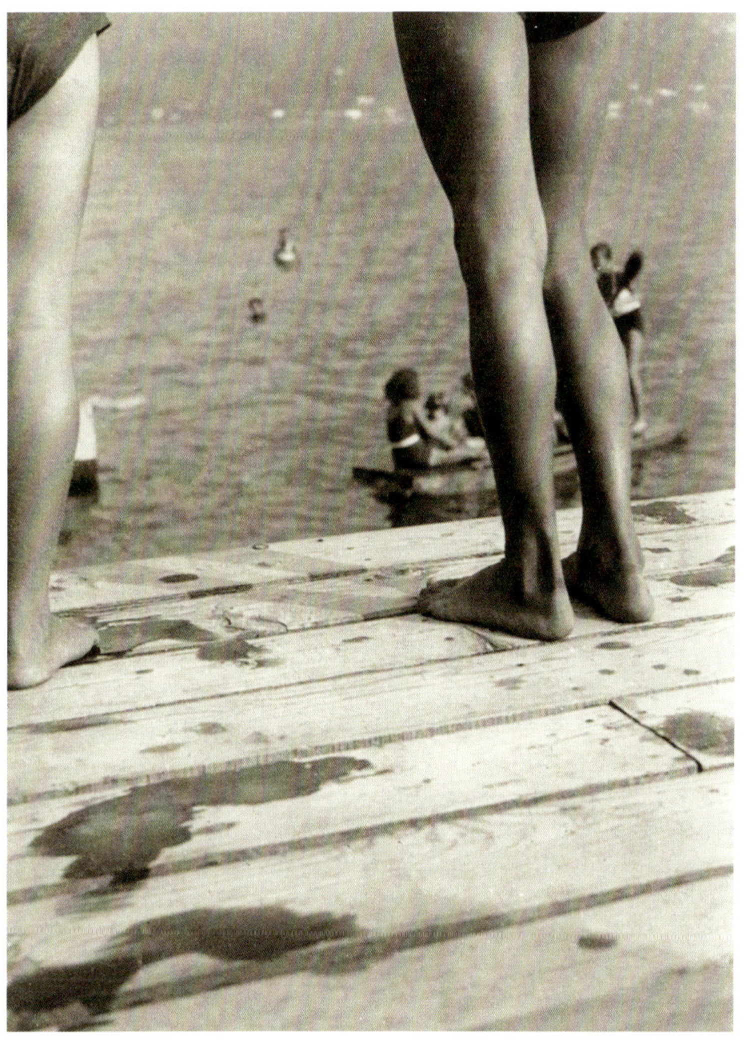

31 *Lago Maggiore*, Ascona, um 1930, Silbergelatineprint, Sammlung Spaarnestad Photo, Nationaal Archief, Haarlem

Katalog gar als »Schlüsselereignis« für die Entwicklung dessen gewertet, »was später unter dem Titel ›Bauhaustypographie‹ firmieren sollte.«[55] Moholy setzte auf serifenlose Schriften, asymmetrisch gebaute Doppelseiten, grafische Elemente zur Akzentuierung der inhaltlichen Argumentation, legte »mit seinem kurzen Katalogbeitrag über ›Die neue Typographie‹ die programmatische Grundlage der Bewegung – und prägte mit seinem Aufsatztitel auch gleich ihren Namen.«[56] In der Summe bürgte Moholy-Nagy für eine an den Geboten der Elementaren Typografie geschulten Außenwirkung der Schule, deren Ästhetik selbstredend auch nach innen wirkte. Schon bald galt Moholy am Bauhaus als »der heimliche Typografielehrer«, wobei er über den Unterricht hinaus etwa durch die Gestaltung des ersten Jahrgangs der Zeitschrift *bauhaus*, durch Werbemittel und Prospekte, vor allem die Mit-Herausgabe und Gestaltung der 1925 gestarteten höchst ambitionierten Reihe der *Bauhausbücher* auf Jahre stilbildend wirken sollte. »Die Bauhausbücher beeinflußten zwei Generationen progressiver Typographen und Gestalter«, unterstreicht Sibyl Moholy-Nagy und ergänzt um einen weiteren Aspekt: Was die Titel vor allen anderen auszeichnete, »war ihre Funktion als authentische Textbücher, die von den Schöpfern neuer Formen und Philosophien verfaßt waren und nicht von den Schülern ihrer Schüler.«[57] Neue Wege in der Verschränkung von Typografie und Fotografie ging speziell der achte Band, nämlich Moholy-Nagys Buch *Malerei Photographie Film* (1927 in modernisierter Schreibweise des Titels und überarbeitet wiederaufgelegt). Ute Brünig nennt es »Kunstwerk und Pamphlet, Erfahrungsbericht und Vision. Das Buch propagiert die ›neue visuelle Literatur‹ und ist gleichzeitig ihr erster Versuch.«[58]

PROGRAMM NEUER FOTOGRAFISCHER GESTALTUNGSWEISEN

Herbert Molderings geht so weit, »die Entstehung der modernen Fotografie« insgesamt auf das Erscheinungsjahr von *Malerei Photographie Film* zu datieren, auch wenn Moholy selbst bis dato nur wenig fotografiert hatte.[59] Aber er hatte ein Programm neuer fotografischer Gestaltungsweisen vorgelegt, eine Art »Lehrbuch« verfasst, dessen visuelle Grammatik mit steilen Auf- und Untersichten, Negativdrucken, Strukturaufnahmen,

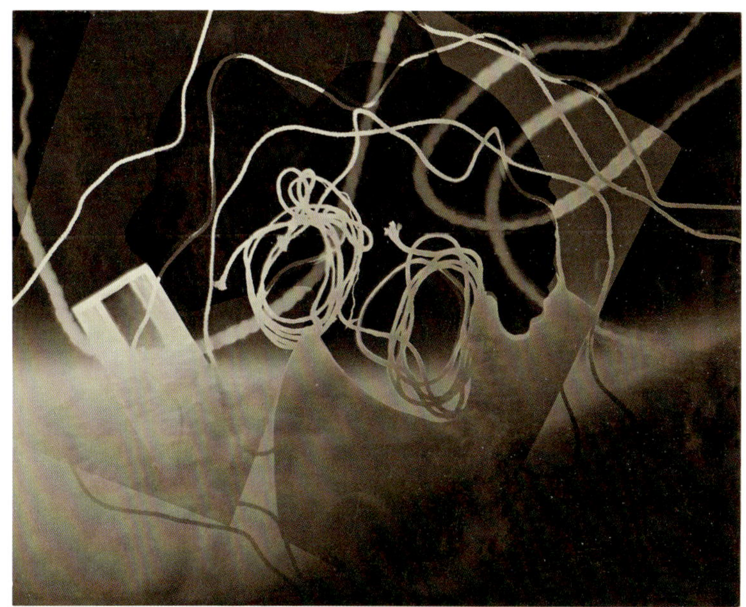

32 *Ohne Titel*, 1939, Fotogramm, Silbergelatineprint, Museum Folkwang, Essen

mutigen Anschnitten im Porträt er in den folgenden Jahren dann tatsächlich abarbeiten sollte. Vorläufiges Ergebnis war der schmale, 1930 bei Klinkhardt & Biermann (Berlin) erschienene, von Jan Tschichold gestaltete Band *60 Fotos* mit beispielhaften Kamerabildern, Fotogrammen und -montagen sowie einem Vorwort des Herausgebers, Franz Roh, in dem dieser gleich zu Beginn Moholys »entscheidende Rolle in der Geschichte *neuester Fotografie*« unterstrich (s. S. 74). Moholy habe, heißt es weiter, »innerhalb aller Arten der Fotografie fruchtbar gearbeitet.«[60] Ähnlich beschrieb das *Kunstblatt* in einer Rezension Moholy-Nagy als einen Fotografen, »der sich keine Möglichkeit heutiger Fototechnik entgehen läßt, alle Anregungen aufgreift und damit auch wieder zum Anreger wird.«[61] Nimmt man seine Veröffentlichungen in seinerzeit vielbeachteten Jahrbüchern wie *Das Deutsche Lichtbild* (Berlin), *Modern Photography* (London) oder *AMG Photographie* (Paris), seinen Auftritt in der programmatischen Anthologie *foto-auge* (1929) oder bereits internationale Ausstellungen wie beispielsweise seine Beteiligung an der von Julien Levy 1932 in New York organi-

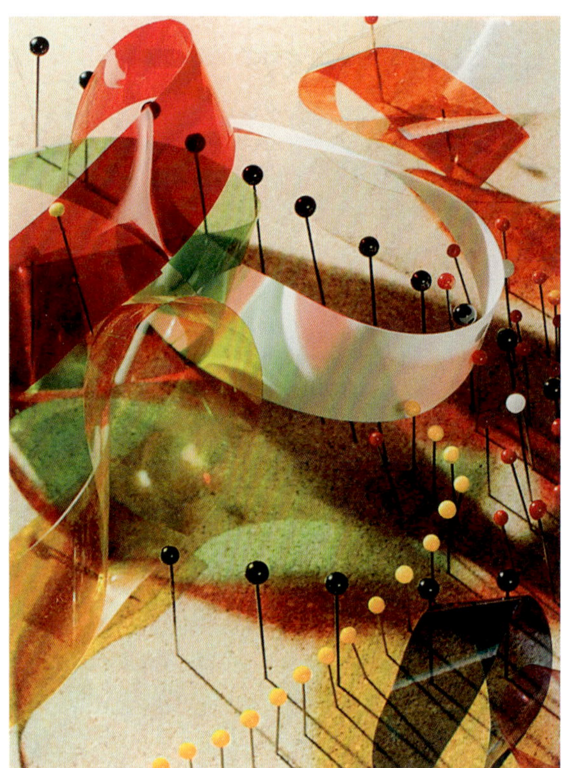

33 *Studie mit Nadeln und Bändern*, 1937–38, Farbabzug, Montage, Courtesy of the George Eastman Museum, Rochester

sierten Schau »Modern European Photography«[62] hinzu, dann bestätigt sich der Eindruck, dass Moholy, der malende Konstruktivist, mittlerweile vor allem als Fotograf wahrgenommen wurde: als führender Vertreter eines Neuen Sehens in der Kamerakunst. Das nach Dessau ausgewichene Bauhaus hatte er zu diesem Zeitpunkt längst verlassen.

MASSGEBLICHE BILANZ NEUZEITLICHER FOTOGRAFIE

Moholy war Walter Gropius gefolgt, der politischem Druck nachgegeben und die Direktion des Bauhauses dem Schweizer Hannes Meyer überlassen hatte. Mit dem 1927 zum Leiter einer Architekturklasse berufenen Meyer hatte es allerdings von Anfang an Dissens gegeben. »gro geht und ich mag ohne ihn nicht hierbleiben«,[63] ließ Moholy-Nagy im Januar 1928 Oskar Schlemmer brieflich wissen, um sich in seinem Rücktrittschreiben grundsätzlich zu äußern: »Wir sind in unmittelbarer Gefahr, genau das zu werden, was wir als Revolutionäre bekämpften: eine berufliche Ausbildungsschule, die nur das Endprodukt bewertet und die Gesamtentwicklung des ganzen Menschen ignoriert.«[64] Anfang 1928 verließ Moholy-Nagy das Dessauer Bauhaus, gefolgt von Herbert Bayer, Marcel Breuer und Xanti Schawinsky, um sich ein zweites Mal in Berlin niederzulassen. Hatte er sich 1920 noch mit Empfehlungsschreiben vorgestellt, so durfte er sich mittlerweile als »eingeführte Größe« fühlen, und das nicht nur auf dem Feld gegenstandsloser Malerei, sondern auch auf angewandten Gebieten wie Grafikdesign oder Fotografie. Und tatsächlich stand Moholys zweite

34 *CH Beata I.*, 1939, Öl auf Leinwand, The Solomon R. Guggenheim Museum, New York

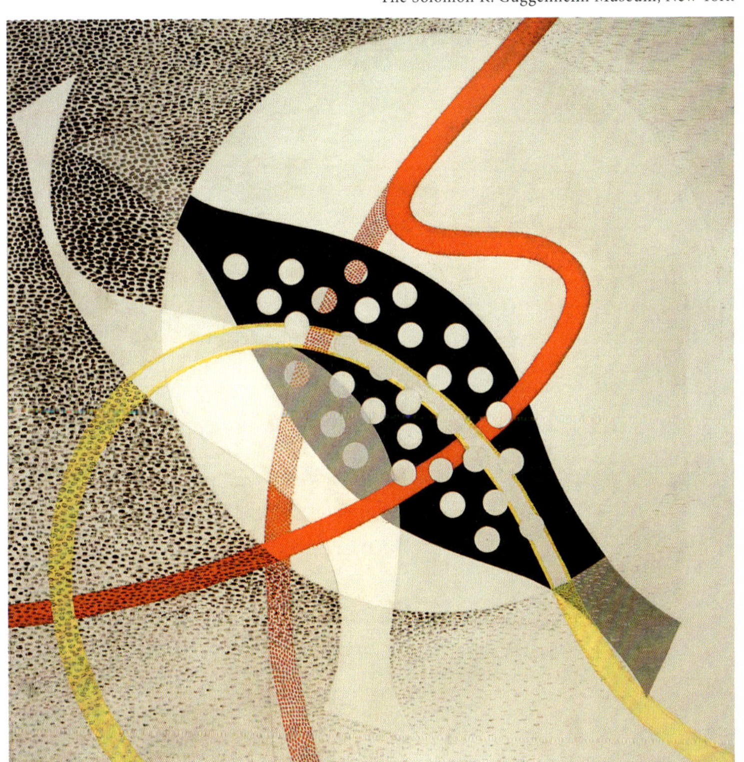

Berliner Zeit ganz im Zeichen angewandter Kunst, auch wenn er Will Grohmann gegenüber meinte, »jetzt in Berlin« wieder Maler werden zu wollen.[65] Tatsächlich machte er Bauhaus-Ästhetik für den Alltag fruchtbar. In der Fredericiastraße 27 in Berlin-Charlottenburg bezog er ein erstes Atelier, in dem ihn ganz im Sinne kollektiver Bauhausarbeit neben dem befreundeten György Kepes auch eine Reihe von Bauhaus-Schülern wie Hannes Neuner, Hajo Rose oder Erich Comeriner unterstützte. Rund fünf Berliner Jahre blieben László Moholy-Nagy bis zum erzwungenen Exil. Einmal mehr eine beruflich wie privat bewegte Zeit, in der er sich definitiv von Lucia trennte und in der Schauspielerin und Filmschaffenden Sibylle Pietzsch seine zweite Frau kennenlernte. Dazwischen eine kurze Liaison mit Ellen Frank, Schwester der Frau von Walter Gropius. Ein kühn angeschnittenes Porträt von Frank aus leichter Untersicht ist in die Fotografiegeschichte eingegangen (28). Franz Roh publizierte es als Tafel 16 in dem erwähnten Buch *60 Fotos*. Jeannine Fiedler setzte es prominent auf den Umschlag ihres *Fotografie am Bauhaus* überschriebenen maßgeblichen Katalogs.[66]

Moholy unternahm ausgedehnte Reisen mit Stationen in Schweden, Norwegen und Finnland, er intensivierte seine internationalen Kontakte etwa im Rahmen des »Congrès International d'Architecture Moderne« oder nahm an wegweisenden Ausstellungen teil, wie der von César Domela 1931 für die Staatliche Kunstbibliothek Berlin kuratierten Schau »Fotomontage«. Ein Beitrag in der von Heinz und Bodo Rasch herausgegebenen Anthologie *Gefesselter Blick* (1930) bestätigte Moholys führende Rolle als Vertreter einer typografischen Moderne – neben Namen wie Max Burchartz, Walter Dexel, Kurt Schwitters oder El Lissitzky. Daneben beschäftigte ihn zunehmend der Film im Sinne experimenteller Lichtgestaltung. Zwar blieb sein »Dynamik der Großstadt« überschriebenes, in *Malerei Photographie Film* abgedrucktes Skript Papier und ist vor allem als »Meisterwerk visueller Typografie«[67] in die Geschichte eingegangen. Dafür gelang es ihm, aus dem 1930 erstmals vorgestellten *Lichtrequisit* ein viel beachtetes *Lichtspiel Schwarz-Weiss-Grau* zu generieren. Insgesamt 25 Filme, Filmteile, Vorschläge oder Filmprojekte sind für die Zeit bis zu seinem Weggang von Berlin belegt.

Bahnbrechendes leistete Moholy-Nagy als Ausstatter und Bühnenbildner sowohl für die Berliner Kroll-Oper wie für die Piscator-Bühne. Bis heute faszinieren seine an konstruktivistischen Idealen geschulten, futuristisch

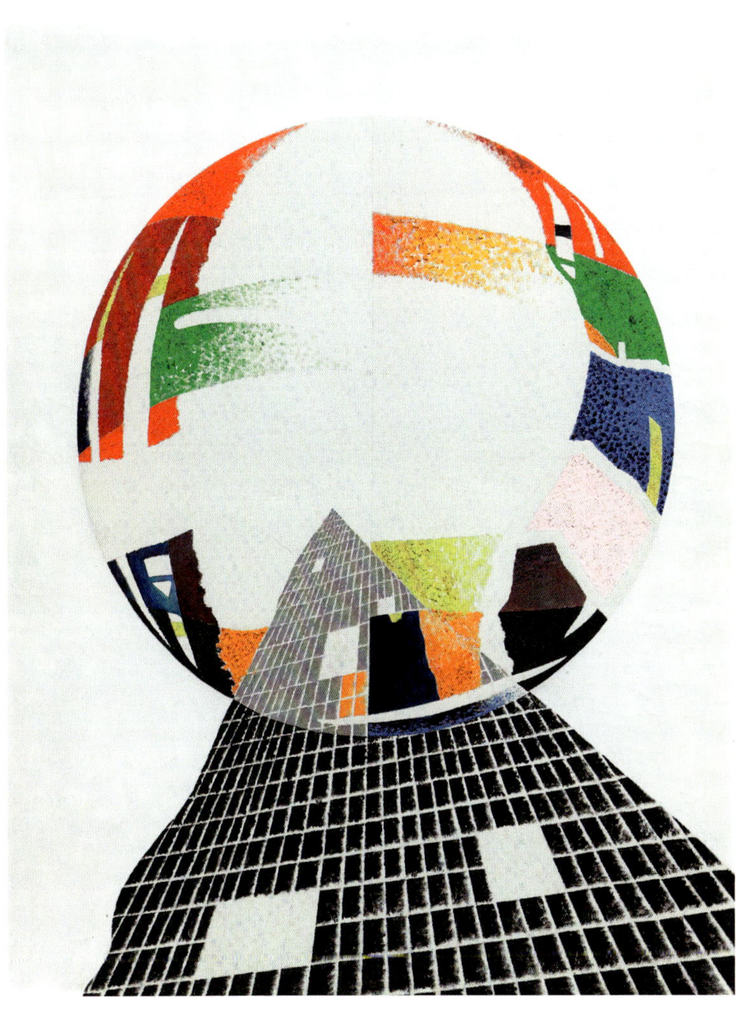

35 *Nuclear I, CH*, 1945, Öl und Grafit auf Leinwand, Schenkung Mary und Leigh Block, 1947, The Art Institute of Chicago

anmutenden Schöpfungen – gemäß der Devise: »Wenn wir auf großer Oper bestehen, dann soll es zeitgenössisch sein.«[68] Für die 1929 mit Aplomb gestartete Frauenzeitschrift *die neue linie* entwickelte er in Zusammenarbeit mit Herbert Bayer nicht nur das typografische Grundkonzept (s. S. 70). Auch insgesamt zehn, in Collage- und Spritztechnik ausgeführte Cover gehen auf sein Ideenkonto, womit seine auch immer wieder theoretisch bekundete Affinität zum Massenmedium Zeitschrift über praktische Zuarbeit bestätigt wäre. Bleibt sein kuratorischer Beitrag im Rahmen der epochalen, 1929 in Stuttgart eröffneten Ausstellung »Film und Foto«, die schon von den Zeitgenossen als das »auf visuellem Gebiete wichtigste Ereignis der letzten Jahre«[69] begriffen wurde. Nicht nur hatte Moholy-Nagy den viel diskutierten einführenden Raum 1 – »Wohin geht die fotografische Entwicklung?« – konzipiert sowie ein Faltblatt zur »FiFo« gestaltet. Selbst war er in Raum 5 mit nicht weniger als 97 nach Layoutprinzipien präsentierten Arbeiten vertreten.

EIN GANZ HERVORRAGENDER PÄDAGOGE

Mit der Übergabe der Macht an Adolf Hitler im Januar 1933 sahen sich zahlreiche jüdische, linke oder der Avantgarde verpflichtete Künstler gezwungen, Deutschland zu verlassen. Ein nachgerade beklemmendes Resümee der Emigration von Fotografinnen und Fotografen haben Klaus Honnef und Frank Weyers vorgelegt,[70] unter den dort Genannten auch Moholy-Nagy, der im Januar 1934 auf Drängen von Freunden Berlin mit Ziel Amsterdam verließ. Wohl soll er sich nicht gefühlt haben in den Niederlanden. Immerhin sorgten Aufträge einer Druckerei sowie einer in Utrecht ansässigen Seidenmanufaktur für Einkünfte, bis der Künstler 1935 mit Sibyl und Tochter Hattula nach London übersiedelte. In dieser Zeit erwarb er eine erste Leica, die ihn bei der Arbeit an mehreren fotoillustrierten Büchern – *Street Markets of London* (1936), *Eton Portrait* (1937), *An Oxford University Chest* (1938) – insofern unterstützte, als sie schnelles und unbemerktes Fotografieren gestattete. Daneben gestaltete er für Simpson of Piccadilly, einen exklusiven Herrenausstatter, Schaufenster, in Gestalt des »Imperial Airways Exhibition Train« eine Ausstellung auf Rädern, drehte im Auftrag Filme, darunter die Dokumentation *The New Architecture in the London Zoo*, beschäftigte sich mit Messebau, arbeitete als Grafikdesigner und betätigte sich weiterhin als Maler, jetzt unter Einsatz neuer, transparenter Materialien. Einen Auftrag, die Olympischen Spiele 1936 in Berlin filmisch zu dokumentieren, brach Moholy ab. Das einst geliebte Deutschland war ihm unheimlich geworden. Ein Jahr später war auch er mit mindestens einer Arbeit Teil der in München eröffneten Propagandaschau »Entartete Kunst«.

Was sicher fehlte, war die Lehre. Moholy-Nagy war fraglos ein ebenso begeisterter wie begeisternder »Evangelist« seiner Visionen. »Moholy«, bestätigt Wilhelm Wagenfeld, »war für mich ein ganz hervorragender Pädagoge und Freund, der mit größter Geduld auf jeden Schüler einging und ihn ganz langsam und unmerklich beeinflußte.«[71] Eine unvorhergesehene Gelegenheit, gerade diese Facette seiner multiplen Begabung wiederzubeleben, ergab sich, als der inzwischen in den USA weilende Walter Gropius eine Anfrage der Association of Arts and Industries (AAI) weiterleitete. Die Initiative dieses mit dem deutschen Werkbund vergleichbaren Interessenverbandes, eine »Design School« nach Bauhaus-Vorbild aufzubauen, ist historisch gesehen und ein Jahr vor der großen Bauhaus-Ausstellung im New Yorker MoMA der erste offizielle Beleg für die inzwischen internationale Strahlkraft der Schule. Für Moholy selbst bedeutete der Wechsel in die USA, die im September 1937 erfolgte Übersiedlung nach Chicago eine unerhörte Chance. Sie markiert zugleich das letzte Kapitel seines Lebens. Zwar musste die als »the new bauhaus. American School of Design« im Oktober 1937 eröffnete Institution aus Geldmangel und nach Querelen mit der Association bereits ein Jahr später wieder schließen. Doch schon Ende Februar 1939 sah sich Moholy-Nagy erneut in der Rolle eines Schuldirektors. Auch das seinem zähen Ringen geschuldete, als »School of Design« gegründete Nachfolgeinstitut erlebte Krisenzeiten und Umbenennungen, um schließlich 1949 im »Illinois Institute of Technology« aufzugehen. Jenseits gestalterischer Einzelleistungen in Grafik- und Produktdesign wies die Schule in jedem Fall pädagogisch neue Wege. Sie war das erste Institut seiner Art und überdies in den USA die bis in die 60er-Jahre bedeutendste Ausbildungsstätte für künstlerische Fotografie mit so prominenten Dozenten wie Harry Callahan, Aaron Siskind, Henry Holmes Smith oder Arthur Siegel. Angesichts der damaligen Bedeutung von *Life* und *Look*, der Photo League oder der Ausstellung »The Family of Man«, mit anderen Worten der Dominanz von Fotojournalismus und Dokumentarismus in den USA, hat es gedauert, bis die »Schule von Chicago« auch museal Anerkennung fand. Inzwischen ist ihr Beitrag zu einem »Neuen Sehen« in Amerika unbestritten. Wenig Zeit blieb Moholy-Nagy, zu lehren, zu schreiben und zu malen. Nicht ganz zwei Jahre nach einer diagnostizierten Krebserkrankung starb er im November 1946 in Chicago. Was er hinterlassen hat, ist ein monumentales Werk, das sich schwerlich auf einen Nenner bringen lässt. Soviel ist sicher, um Sibyl Moholy-Nagy abschließend zu zitieren: »Moholy war Utopist, in einer zukünftigen Welt lebend.«[72]

HANS-MICHAEL KOETZLE *lebt als freier Schriftsteller, Kurator und Publizist in München. Bis 2007 war er Chefredakteur der Zeitschrift* Leica World. *Er veröffentlichte rund 50 Titel zu Geschichte und Ästhetik der Fotografie, darunter* Die Zeitschrift twen *(1995),* Das Foto: Kunst- und Sammelobjekt *(1997),* Photo Icons *(2003),* Das Lexikon der Fotografen *(2003),* Mack Reporter *(2015) oder* René Groebli: Color Work *(2018). 2004 kuratierte er für das Maison Européenne in Paris die Retrospektive* René Burri, *2011 für die Deichtorhallen in Hamburg* Eyes on Paris: Paris im Fotobuch. *Seine Ausstellung* Augen auf! 100 Jahre Leica Fotografie *wurde u. a. in Hamburg, Berlin, Wien, Porto, Madrid und Rom gezeigt. Mit* Dr. Paul Wolff & Tritschler *eröffnete 2019 das neue Ernst Leitz Museum in Wetzlar.*

1 Übers. nach: *L. Moholy-Nagy*, London 1980, S. 11.
2 *Bauhaus. Die Zeitschrift der Stiftung Bauhaus Dessau*, Nr. 4, 2012, S. 27.
3 Catherine David, *László Moholy-Nagy*, Ostfildern 1991, S. 9.
4 Jeannine Fiedler, *Moholy Album*, Göttingen 2018, S. 16.
5 Van Deren Coke, *Avantgarde Fotografie in Deutschland 1919–1939*, München 1982, S. 8.
6 Übers. nach: Matthew S. Witkovsky, *Modernity in Central Europe*, 1918–1945, Washington 2007, S. 238.
7 Wie Anm. 1.
8 Gottfried Jäger/Gudrun Wessing (Hg.), *Über Moholy-Nagy*, Bielefeld 1997, S. 139
9 Gudrun Wessing, *László Moholy-Nagy*, Wiesbaden 2018, S. 8–9.
10 *L. Moholy-Nagy. Sehen in Bewegung*, Leipzig 2014, S. 3.
11 Andreas Haus, *Moholy-Nagy. Fotos und Fotogramme*, München 1978, S. 16.
12 Oliva María Rubio (Hg.), *László Moholy-Nagy. Kunst des Lichts*, München 2010, S. 138.
13 *Das Deutsche Lichtbild. Jahresschau 1927*, Berlin 1927, S. X–XI.
14 Übers. nach: Richard Kostelanetz, *Moholy-Nagy*, London 1971, S. XIII.
15 Sibyl Moholy-Nagy, *Laszlo Moholy-Nagy. Ein Totalexperiment*, Mainz/Berlin 1972, S. 47.
16 Rainer K. Wick, *Das Neue Sehen*, München 1991, S. 18.
17 Wie Anm. 15, S. 24.
18 László Moholy-Nagy, *Von Material zu Architektur*, Berlin 2019 [Reprint der Ausg. v. 1929], S. 15.
19 Ebda., S. 14.

20 Ute Eskildsen/Alain Sayag: *László Moholy-Nagy – Fotogramme 1922–1943*, München 1996, S. 141.
21 Wie Anm. 12, S. 11.
22 Eric Hobsbawm, *Das Zeitalter der Extreme*, München 1995.
23 Peter Hahn/Lloyd C. Engelbrecht, *50 Jahre new bauhaus*, Berlin 1987, S. 56.
24 László Moholy-Nagy, *Sehen in Bewegung*, Leipzig 2014, S. 11.
25 Wie Anm. 9, S. 113.
26 Wie Anm. 8, S. 46.
27 Wie Anm. 9, S. 135.
28 Wie Anm. 8, S. 85.
29 Lucia Moholy, *Marginalien zu Moholy-Nagy*, Krefeld 1972.
30 Sibyl Moholy-Nagy, *Moholy-Nagy. Experiment in Totality*, Cambridge, Mass. 1950.
31 Übers. nach: David 1991, wie Anm. 3, S. 9.
32 Károly Kincses, *Photographes Made in Hungary*, Mailand 1998.
33 Hans-Dieter Mück, *Auf dem Weg nach Weimar*, Utenbach 2009, S. 115.
34 Wie Anm. 15, S. 20.
35 Ebda., S. 21.
36 Wie Anm. 9, S. 13.
37 Übers. nach: *The New Vision. Abstract of an Artist*, New York 1947, S. 68.
38 Ebda., S. 67.
39 Wie Anm. 15, S. 39.
40 Wie Anm. 29, S. 11.
41 Ebda.
42 Wie Anm. 3, S. 26.
43 *László Moholy-Nagy. Frühe Photographien*, Berlin 1989, S. 11.
44 Ute Eskildsen/Alain Sayag, *László Moholy-Nagy – Fotogramme 1922–1943*, München 1996, S. 12.
45 Ebda.
46 *Bauhaus*, 2. Jg., 1928, H. 1, S. 2 ff.
47 Wie Anm. 15, S. 39.
48 Wie Anm. 33, S. 135.
49 Wie Anm. 15, S. 9.
50 Wulf Herzogenrath, *László Moholy-Nagy*, Stuttgart 1974, S. 116.
51 Ingrid Pfeiffer/Max Hollein, *László Moholy-Nagy. Retrospektive*, München 2009, S. 18.
52 Wie Anm. 15, S. 45.
53 Jeannine Fiedler/Peter Feierabend (Hg.), *Bauhaus*, Potsdam 2013, S. 369–370.
54 Wie Anm. 18, S. 13.
55 Patrick Rössler, *Neue Typografien*, Göttingen 2018, S. 28.
56 Ebda.
57 Wie Anm. 15, S. 44.
58 Manfred Heiting/Roland Jäger (Hg.), *Autopsie*, Bd. 1, Göttingen 2012, S. 164.
59 Herbert Molderings, *Die Moderne der Fotografie*, Hamburg 2008, S. 15.
60 *L. Moholy-Nagy, 60 Fotos*, Berlin 1930, S. 3 f.
61 *Das Kunstblatt*, 15. Jg., 1931, H. 4, S. 126.
62 Katherine Ware/Peter Barberie, *Dreaming in Black and White. Photography at the Julien Levy Gallery*, Philadelphia 2006, S. 52.
63 Wie Anm. 9, S. 81.
64 Wie Anm. 15, S. 51.
65 Wie Anm. 9, S. 89.
66 Jeannine Fiedler (Hg.), *Fotografie am Bauhaus*, Berlin 1990.
67 Claudia Müller, *Typofoto*, Berlin 1994, S. 89.
68 Wie Anm. 15, S. 53.
69 Franz Roh, *foto-auge*, Stuttgart 1929, S. 2.
70 Klaus Honnef/Frank Weyers, *Und sie haben Deutschland verlassen … müssen*, Bonn 1997.
71 Walter Scheiffele, *Wilhelm Wagenfeld und die moderne Glasindustrie*, Stuttgart 1994, S. 216–217.
72 Wie Anm. 15, S. 11.

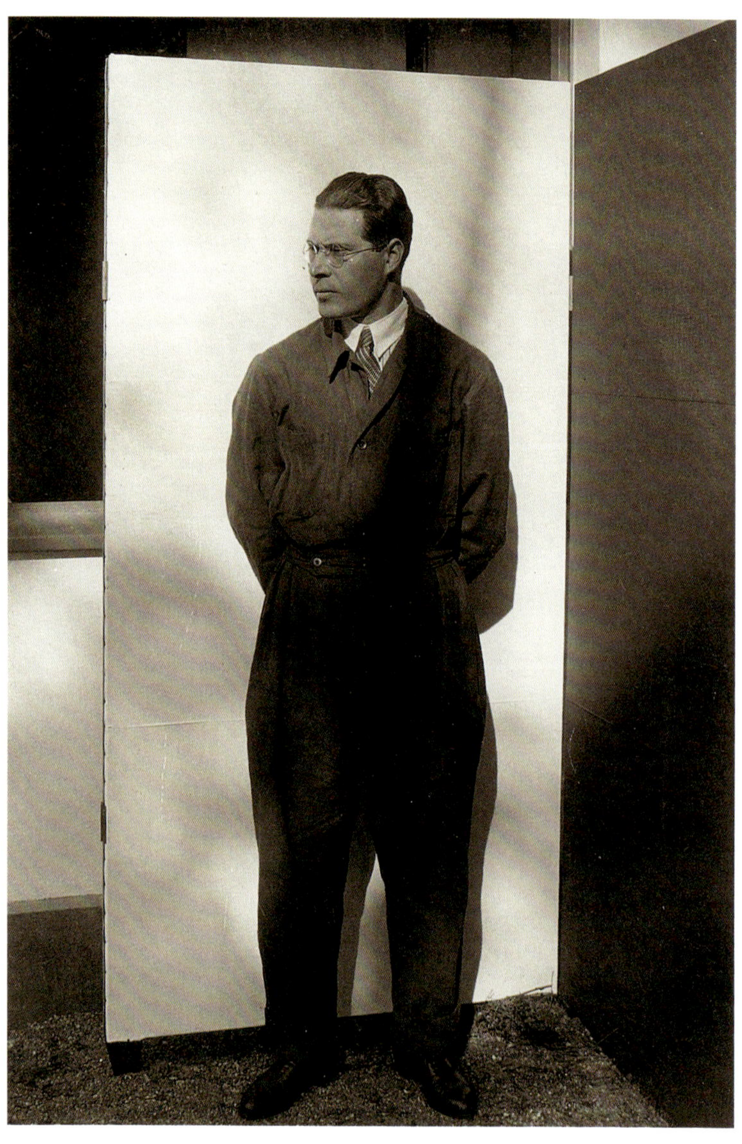

36 László Moholy-Nagy, 1926, Foto: Lucia Moholy

BIOGRAFIE

László Moholy-Nagy
1895–1946

1895 Am 20. Juli wird László Moholy-Nagy als László Weisz in Borsod (später Bácsborsód), einem kleinen Dorf in Südungarn, geboren. Er ist der zweite von drei Söhnen des jüdischen Gutsverwalters Lipót Weisz (1859–1917) und seiner Ehefrau Karolina geb. Stern (1869–1945). Nachdem der Vater die Familie 1897 mit Ziel Amerika verlassen hat, zieht die Mutter mit László und dessen älterem Bruder Jenő (geb. 1890) zu den Eltern nach Ada (heute Serbien), wo mit Ákos das jüngste der drei Kinder zur Welt kommt.

1898 Ein Onkel mütterlicherseits, der Rechtsanwalt Dr. Gusztáv Nagy im nahegelegenen Mohol (heute Mol in Serbien), nimmt die Familie auf. László (Kosename Laci) besucht die Grundschule in Mohol und Ada. Erste Kinderzeichnungen entstehen.

1905 Wechsel nach Szeged, wo László dank finanzieller Unterstützung durch Großvater und Onkel bis zum Abitur (1913) das Szegedi Állami Főgimnázium (Szegeder Staatliches Hauptgymnasium) besuchen kann. Er schreibt, inpiriert von Sándor Petőfi und János Arany, Gedichte und hat in der Lokalzeitung *Szegedi Napló* eine erste Veröffentlichung (1912).

1909 László Weisz nimmt den Nachnamen des Onkels an, dem er 1918 ein vom Ort Mohol abgeleitetes »Moholy« voranstellen wird.

1913 Ungeachtet seiner poetischen Neigungen beginnt Moholy-Nagy im Juni ein Jurastudium an der Königlich-Ungarischen Universität in Budapest. Er freundet sich mit Alfréd Kemény an und belegt Abendkurse an der Königlich-Ungarischen Nationalschule für Kunstgewerbe.

1915 Mit Ende seines zweiten Studienjahrs wird Moholy-Nagy im Mai zum Militärdienst eingezogen. Noch an der Front findet er Zeit zu zeichnen. Rund 400 verso illustrierte Feldpostkarten (Landschaften und mitunter karikierende Porträts) belegen einen selbstbewussten Strich nicht ohne Ironie.

1917 An der russischen Front wird der mittlerweile zum Leutnant beförderte Moholy-Nagy durch ein Schrapnell am Daumen schwer verletzt. Auf Feldlazarett und Rekonvaleszenz folgt im September 1918 die Entlassung aus der österreichisch-ungarischen Armee.

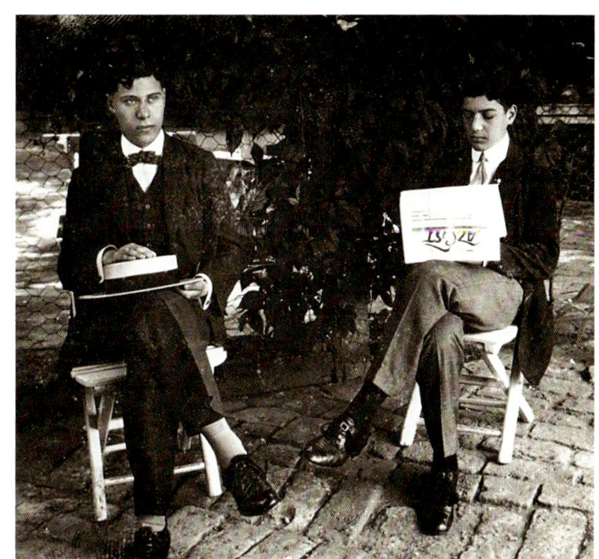

37 László Moholy-Nagy und sein jüngerer Bruder Ákos in Szeged, 1912

38 Kongress der Konstruktivisten und Dadaisten in Weimar, September 1922, oberste Reihe, 3. u. 4. von rechts: László Moholy-Nagy und Lucia Moholy

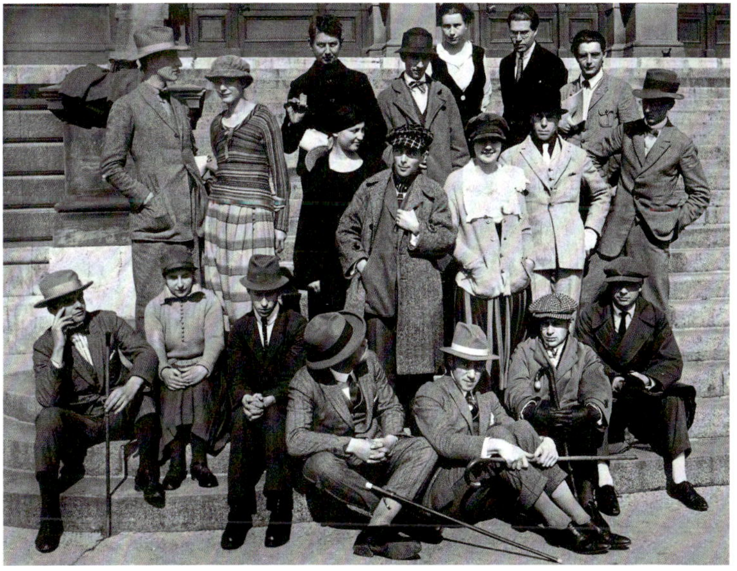

1918 Das ohnehin lustlos betriebene Jurastudium gibt er auf, auch seine literarischen Pläne, um sich in der Folge ausschließlich als Maler zu betätigen. Er besucht Kurse im Aktzeichnen, widmet sich dem Studium der Alten Meister (Raffael, Michelangelo, Rembrandt) und beginnt, sich mit Expressionismus und russischer Avantgardekunst zu beschäftigen.

1919 Nach Zerschlagung der ungarischen Räterepublik verlässt Moholy-Nagy das Land. Nach sechs wenig ertragreichen Wochen in Wien zieht er weiter nach Berlin, wo er Anfang 1920 völlig mittellos und schwer grippekrank eintrifft.

1920 In Berlin macht Moholy-Nagy schnell wichtige und folgenreiche Bekanntschaften vor allem aus dem Kreis der Dadaisten (Schwitters, Höch, Hausmann). Unter dem Eindruck des russischen Konstruktivismus, speziell der Arbeiten von El Lissitzky, wendet er sich der gegenstandslosen Malerei bzw. der systematischen Erkundung von Raum und Farbe zu. Seine Collage über Gouache auf Papier *F in Feld* (3) kann als erstes Beispiel für die vom Kubismus entwickelte Collagetechnik gelten.

1921 Am 18. Januar heiratet László Moholy-Nagy die 1894 unweit von Prag geborene Lucia Schulz, die er im April 1920 kennengelernt hatte und die ihn in der Folge bei all seinen Vorhaben unterstützen und beraten wird. Das Filmprojekt *Dynamik der Gross-Stadt* nimmt Gestalt an. Ein von Raoul Hausmann, Hans Arp und Ivan Puni mitunterzeichneter und in der Zeitschrift *De Stijl* (Oktober 1921) publizierter »Aufruf zur elementaren Kunst – an die Künstler der Welt!« darf zu seinen ersten wichtigen theoretischen Einlassungen gerechnet werden. Zudem fungiert er als Berlin-Korrespondent der in Wien erscheinenden Avantgarde-Zeitschrift *MA*.

1922 Nach Gruppenausstellungen etwa bei Fritz Gurlitt (1920) hat Moholy-Nagy eine erste Einzelausstellung in der von Herwarth Walden betriebenen Berliner Galerie Der Sturm. Viermal gestaltet er das Titelblatt der gleichnamigen Zeitschrift. Mit Lucia entdeckt er das Fotogramm, das ab nun zum zentralen Medium in der Erkundung des Lichts avanciert. Er nimmt am Kongress der Konstruktivisten und Dadaisten in Weimar teil. Walter Gropius wird auf ihn aufmerksam. Eine erste Ausstellung in einem Kunstmuseum organisiert Ernst Fuhrmann im Hagener Folkwang

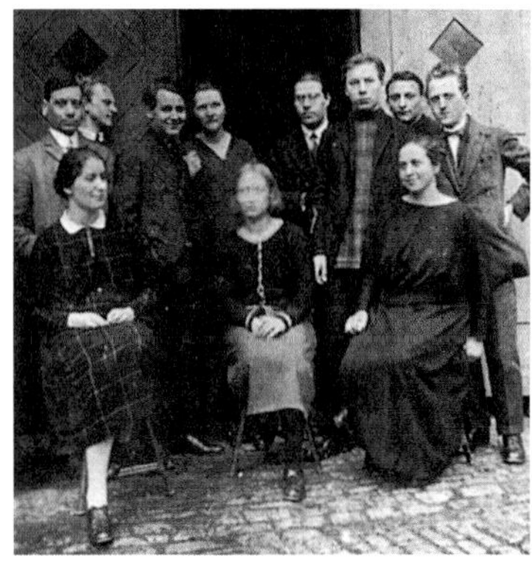

39 Studierende aus dem Vorkurs mit László Moholy-Nagy am Bauhaus in Weimar, 1924/25

40 László Moholy-Nagy, 1925
Foto: Lucia Moholy

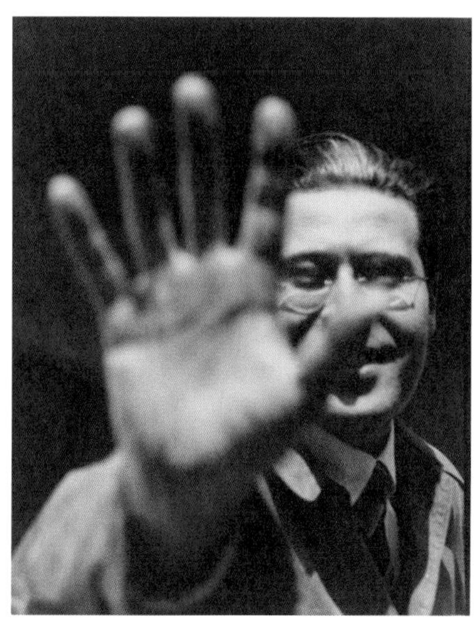

41 Gruppenfoto der Bauhausmeister auf dem Dach des Bauhausgebäudes in Dessau, 1926; v. l. n. r.: Josef Albers, Marcel Beuer, Gunta Stölzl, Oskar Schlemmer, Wassily Kandinsky, Walter Gropius, Herbert Bayer, László Moholy-Nagy, Hinnerk Scheper, Foto: Walter Gropius mit Selbstauslöser

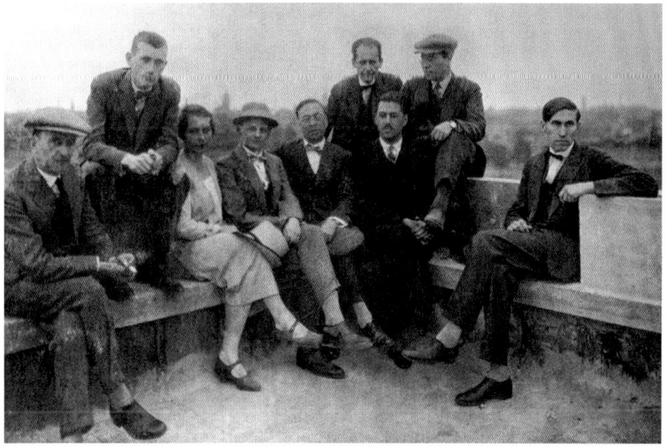

Museum. Mit dem *Buch neuer Künstler* beginnt Moholy-Nagys editorische Tätigkeit.

1923 Im Februar in Berlin zweite Ausstellung in der Galerie Der Sturm (mit László Péri); im Zentrum seine *Materialkonstruktion in Glas und Nickel*. In der Kestner-Gesellschaft findet eine Ausstellung seiner Fotogramme statt. Erste gedruckte Beispiele seiner Experimente mit kameraloser Fotografie bringt die amerikanische Zeitschrift *Broom* (Nr. 4, 1923). Im März Umzug nach Weimar, wo Moholy-Nagy einer Berufung durch Walter Gropius ans Bauhaus folgt. Nicht nur übernimmt er dort in der Nachfolge von Johannes Itten den Vorkurs und von Paul Klee die Metallwerkstatt, er steht auch für eine neue, konstruktivistisch bzw. gesellschaftlich orientierte Ausrichtung der Schule. Auch die für Sommer 1923 geplante erste Selbstdarstellung des Instituts wird maßgeblich von Moholy-Nagy betreut. Der von ihm gestaltete Katalog gilt als frühes Beispiel der Neuen Typografie.

1924 Mit seinen sogenannten Telefonbildern, industriell gefertigten, reproduzierbaren Werken in Email, bestreitet Moholy-Nagy seine dritte Ausstellung in der Galerie Der Sturm. Darüber hinaus beteiligt er sich an der »Ersten Deutschen Kunstausstellung« in Moskau.

1925 Das Bauhaus weicht politischem Druck und verlegt seinen Sitz nach Dessau. Unter der Redaktion von Gropius und Moholy-Nagy erscheinen die ersten von am Ende 14 *Bauhausbüchern*, darunter mit Band 8 (*Malerei Photographie Film*) eine Art Grundlegung seiner Medientheorie. Weitere Einlassungen zu Fotografie und Typografie sowie vermehrt Beschäftigung mit Theater, Tanz, Ballett und Bühnendekoration. Er macht Bekanntschaft mit dem Schweizer Kunsthistoriker Sigfried Giedion, mit dem ihn in der Folge eine lebenslange private wie intellektuelle Freundschaft verbinden wird. Zeitgleich entstehen erste Kamerafotografien, darunter auf Belle-Île-en-Mer der steile Blick auf eine Hotelterrasse (30) – von Sibyl Moholy als »völlig neuer Anfang« bezeichnet: »Die Kamera war noch nie so benutzt worden.«

1926 Beteiligt sich zusammen mit Piet Mondrian, Wassily Kandinsky und weiteren Vertretern einer gegenstandslosen Kunst an der »Großen

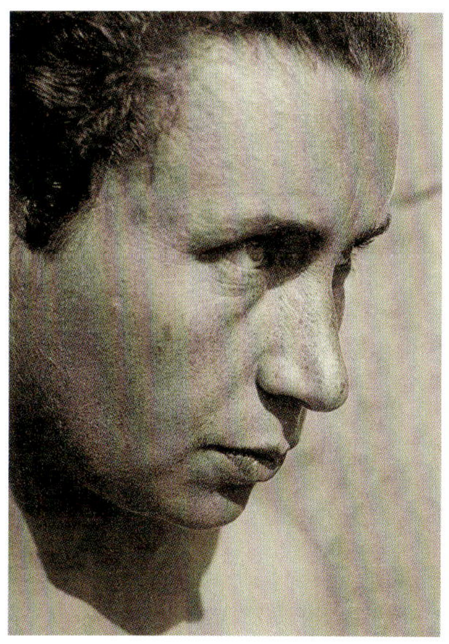

42 Porträt Lucia Moholy, 1928, Foto: László Moholy-Nagy

43 Ausstellung »Film und Foto«, Kunstgewerbemuseum, Berlin, 1929

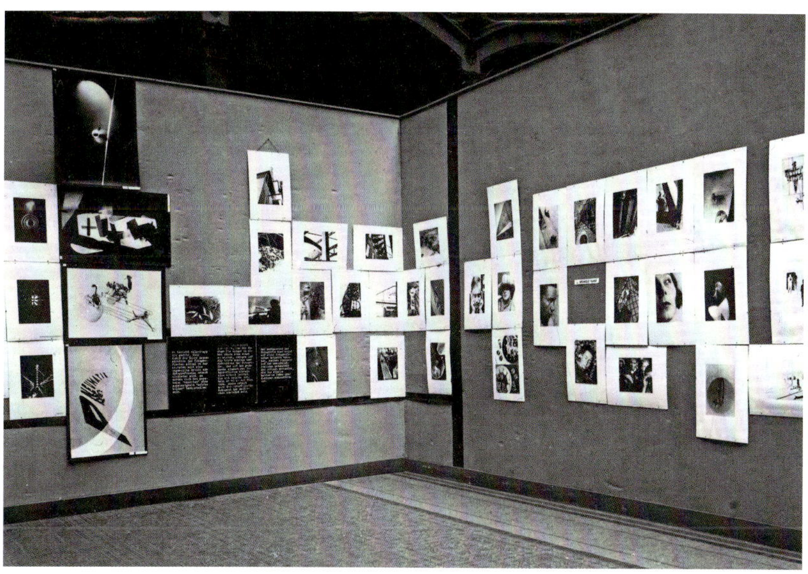

Berliner Kunstausstellung« im Kronprinzenpalais. Anfang Dezember erscheint die erste Nummer der Zeitschrift *bauhaus* mit dem Hauptbeitrag »fotografie ist lichtgestaltung« von Moholy-Nagy.

1927 In Berlin schließt er Bekanntschaft mit Kasimir Malewitsch, dessen Buch *Suprematismus – die gegenstandslose Welt* in einer gekürzten Fassung als Band 11 der *Bauhausbücher* erscheint. Moholy-Nagy ist mit Arbeiten auf der Mannheimer Ausstellung »Wege und Richtungen der abstrakten Malerei in Europa« vertreten.

1928 Walter Gropius verlässt das Bauhaus. Mit ihm scheiden Herbert Bayer, Marcel Breuer, Xanti Schawinsky und László Moholy-Nagy aus. Letzterer kehrt nach Berlin zurück, wo er sich u. a. als Bühnenbildner für die Kroll-Oper bzw. die Piscator-Bühne profiliert. Als Künstler experimentiert er mit neuen Materialien wie Rhodoid, Neolith, Trolith, Galalith, Silverit und Aluminium, wovon die ab Mitte der 1930er-Jahre entwickelten *Raummodulatoren* profitieren werden.

1929 Moholy-Nagy und seine Frau Lucia trennen sich. Als programmatische Schrift erscheint *von material zu architektur*, zugleich das letzte der ursprünglich auf 30 Titel angedachten *Bauhausbücher*. Mit 97 Arbeiten (Fotografien, Collagen, Fotogrammen) ist er auf der Werkbundausstellung *Film und Foto* (FiFo) mit Stationen u.a. in Stuttgart, Zürich und Berlin (43) vertreten. Darüber hinaus konzipiert er den vieldiskutierten, weit in die Fotografiegeschichte zurückblickenden, im Kern als Schule des Sehens gedachten »Raum 1« innerhalb der schon damals als wegweisend verstandenen Schau. Für die ab September erscheinende Frauenzeitschrift *die neue linie* entwickelt er das typografische Konzept. Von Moholy-Nagy stammt auch der erste von insgesamt zehn überwiegend in Collagetechnik ausgeführten Titeln. Bekanntschaft mit Joris Ivens und Dziga Wertow. Gilt auch als Schlüsseljahr in seiner Beschäftigung mit dem Film.

1930 Mit seinem *Lichtrequisit einer elektrischen Bühne* beteiligt sich Moholy-Nagy am 20. »Salon des artistes décorateurs français« im Pariser Grand Palais. In der Folge entsteht der Kurzfilm *Lichtspiel schwarz weiss grau*. In der programmatischen, von Franz Roh herausgegebenen Reihe *Fototek* erscheint als erster Band *L. Moholy-Nagy – 60 Fotos*. Reisen ab

Mitte der 1920er-Jahre führen ihn u. a. nach Italien, Frankreich, Griechenland, Norwegen, Finnland und in die Schweiz.

1931 Bekanntschaft mit seiner späteren zweiten Frau, der Schauspielerin, Filmdramaturgin und Drehbuchautorin Sibylle Pietzsch (1903–1971). Die Delphic Studios in New York präsentieren eine erste Ausstellung seiner Fotografien in den USA. In Berlin ist Moholy-Nagy neben Herbert Bayer, John Heartfield und Karel Teige sowie den Mitgliedern des »Rings neue Werbegestalter« an der wichtigen, von Cesar Domela organisierten Ausstellung »Fotomontage« beteiligt.

1932 Unter dem Titel »Modern European Photography« präsentiert die New Yorker Julien Levy Gallery zwanzig in Deutschland und Frankreich lebende Fotografen, darunter Man Ray, André Kertész, Lee Miller, Helmar Lerski, Ilse Bing sowie die Bauhäusler László Moholy-Nagy, Walter Peterhans, Herbert Bayer, Florence Henri und Umbo.

1933 Mit Sigfried Giedion, Le Corbusier, José Luis Sert und weiteren Vertretern der Architekturmoderne nimmt Moholy-Nagy am 4. Internationalen Kongress für Moderne Architektur (»Congrès International d'Architecture Moderne«/CIAM) in Griechenland teil und dreht auf Anregung von Giedion einen Film über das historische Zusammentreffen. Gegen Ende des Jahres erste Schritte auf dem Feld der Farbfotografie, die sich jedoch erst mit Einführung des Kodachrome Dreischichtenfarbfilms (April 1935) für Moholy-Nagy als praktikabel erweist.

1934 Nach der Scheidung von Lucia heiraten Moholy-Nagy und Sibylle Pietzsch. Emigration nach Amsterdam. Dort ist Moholy-Nagy als Art Director der Zeitschrift *International Textiles* tätig. Außerdem wirkt er als Ideengeber für einen Messestand der niederländischen Kunstseide-Industrie auf der Jaarbeurs in Utrecht und der Weltausstellung in Brüssel. Ab Ende November stellt er auf Einladung von Willem Sandberg in Amsterdam (Stedelijk Museum) aus.

1935 Verlässt die Niederlande und gründet in London, zusammen mit seinem Landsmann und langjährigen Mitarbeiter György Kepes ein Designstudio. Für Simpsons of Piccadilly gestaltet er Schaufenster, entwickelt das Erscheinungsbild für Imperial Airways, entwirft Einladungskarten und Plakate sowie einen Ausstellungsstand für die Kunstseidenfabrik Courtaulds. Darüber hinaus dreht er im Auftrag Filme (*Lobsters*, 1935 und *The New Architecture and the London Zoo*, 1936) und liefert das Bildmaterial für drei fotoillustrierte Bücher: *Street Markets of London* (1936), *Eton Portrait* (1937) und *An Oxford University Chest* (1938). Im Vorfeld war er von seiner Ernemann-Kamera für Negative 6,5 × 9 cm auf die Leica umgestiegen, die schnelles, unbemerktes und serielles Fotografieren gestattet.

1937 Auf Vorschlag seines Mentors Walter Gropius wird Moholy-Nagy designierter Leiter einer von der Association of Arts and Industries initiierten, am Bauhaus-Curriculum orientierten Schule für Design in Chicago. Mit Ehefrau Sibyl Moholy-Nagy und den beiden Töchtern Hattula (geb. 1933) und Claudia (1936–1971) übersiedelt er in die USA. Dem kommenden Ausstellungsinstitut gibt er den Namen »the new bauhaus. American School of Design«. Einen ersten Vortrag zum pädagogischen Programm hält er Ende September. Vier Wochen später eröffnet die Schule in der Prairie Avenue mit rund drei Dutzend Studierenden. In München wird am 19. Juni die das Erbe der Moderne diffamierende Ausstellung »Entartete Kunst« eröffnet – unter den Exponaten befindet sich mindestens eine Arbeit von Moholy-Nagy.

1938 Finanzielle Schwierigkeiten sowie die wachsende Unzufriedenheit der Studentinnen und Studenten führen zur Schließung der Schule. Erneut wendet sich Moholy-Nagy kommerziellen Aufträgen zu, arbeitet als Grafiker, Designer und Berater, ohne allerdings seine Vision einer Designschule in den USA aufzugeben. Eine Bauhaus-Ausstellung im Museum of Modern Art in New York etabliert das Bauhaus auch in den USA als »Marke«.

1939 Bereits im Februar kann Moholy-Nagy dank substanzieller Unterstützung durch die Container Corporation of America unter Walter P. Paepcke die private »School of Design« (Ontario Street) eröffnen. Dem Lehrkörper gehören u. a. György Kepes und Hin Bredendieck an. Mit den Jahren wird das Unterrichtsprogramm um die Fächer Ökonomie, Psychologie, Biologie und War Design/Camouflage erweitert. Weiterhin betätigt sich Moholy-Nagy als Maler, Fotograf und Schöpfer von kinetischen Objekten.

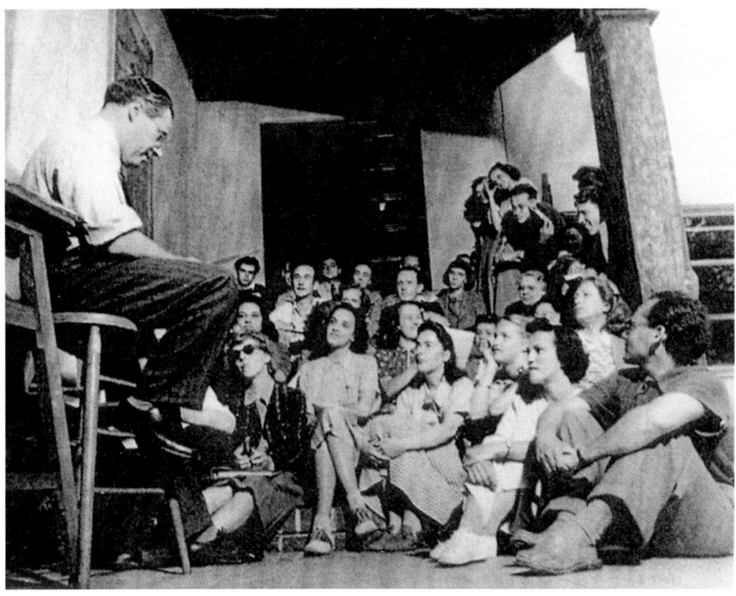

44 László Moholy-Nagy hält seine Antrittsrede am »new bauhaus, American School of Design«, Chicago, 1937

45 László und Sibyl Moholy-Nagy, Somonauk, Illinois, USA, um 1939

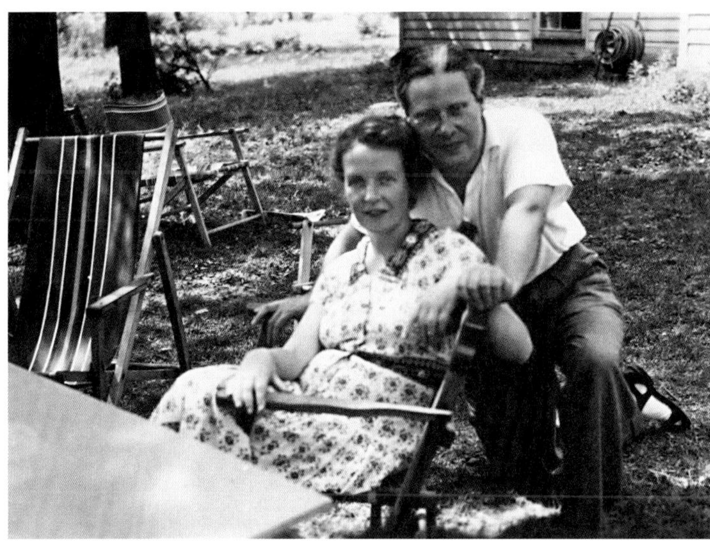

1940 Die Katharine Kuh Gallery in Chicago widmet ihm eine Einzelausstellung. Mit seinen Studenten arbeitet Moholy-Nagy an 16-mm-Kurzfilmen über den Unterricht, die der Selbstdarstellung der Schule dienen sollen. Daneben beteiligt er sich an Symposien und Konferenzen, publiziert und plant eine Bilanz seines Denkens und Schaffens in Buchform. Allerdings wird *Vision in Motion* erst 1947 posthum erscheinen.

1944 Die »School of Design« wird reorganisiert, erhält unter der Regie eines Verwaltungsrats Hochschulcharakter und mit »Institute of Design« einen neuen Namen. Zum Jahreswechsel 1945/46 bezieht man überdies in der State Street neue Räume.

1945 Gegen Jahresende wird bei Moholy-Nagy Leukämie diagnostiziert. Es folgt eine letzte intensive Schaffensphase mit Zeichnungen, Aquarellen und Tafelmalerei. Parallel entwickelt er seine *Raummodulatoren* weiter zu dreidimensionalen Objekten aus Metall und Plexiglas.

1946 Moholy-Nagy erhält im April die amerikanische Staatsbürgerschaft. Er bestreitet zusammen mit dem Fotografen Arthur Siegel unter dem Titel »New Vision in Photography« ein sechswöchiges Sommersymposium. In dritter Auflage erscheint unter dem Titel *the new vision – abstract of an artist* die englische Übersetzung seines 1929 publizierten Titels *von material zu architektur*. Am 24. November erliegt László Moholy-Nagy in Chicago seiner Leukämie-Erkrankung.

1947 Eine umfangreiche, als Gedächtnisschau konzipierte Wanderausstellung zeigt die S. R. Guggenheim Foundation im »Museum of Non-Objective Art«.

1951 Seiner in Saarbrücken gestarteten, programmatischen Wanderausstellung »subjektive fotografie« schaltet Kurator Otto Steinert eine Art historischen Prolog u. a. mit Fotogrammen Moholy-Nagys vor und leitet damit die europäische Wiederentdeckung des Künstlers ein.

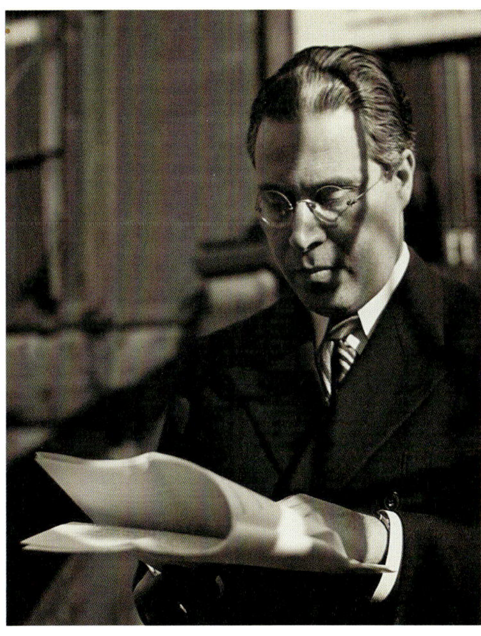

46 László Moholy-Nagy im Mills College, Oakland, 1940

47 Walter Gropius und László Moholy-Nagy am Institute of Design, Chicago, 14. August 1945

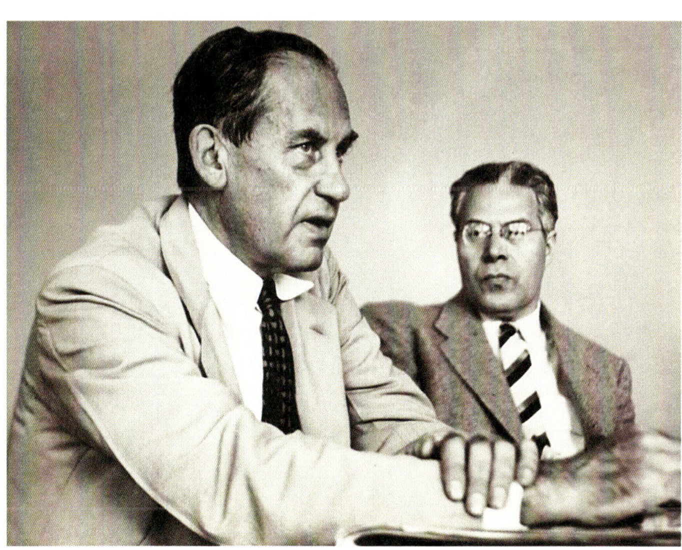

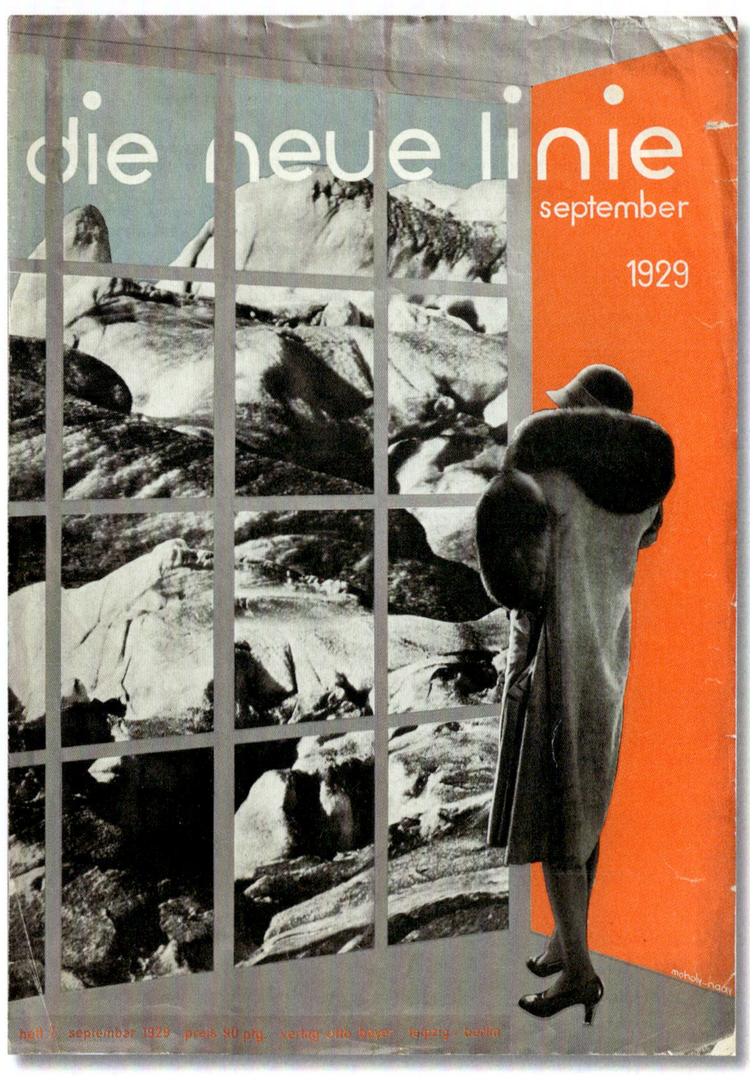

Moholy-Nagys Umschlag für das erste Heft *die neue linie,* September 1929

ARCHIV

Fundstücke, Briefe, Dokumente
1919–1938

I

Bis zu seinem Ausscheiden 1923 war Johannes Itten für das typografische Erscheinungsbild des Bauhauses verantwortlich – eine Aufgabe, die im Wesentlichen der in der Nachfolge Ittens berufene Moholy-Nagy übernahm. Frühes Beispiel seiner Vorreiterrolle auf dem Feld einer Neuen Typografie ist der Katalog zur ersten Bauhaus-Ausstellung in Weimar.
Die gemeinsam von Walter Gropius und Moholy-Nagy ab 1924 herausgegebene, wegweisende Reihe der Bauhausbücher *wird von Sibyl Moholy-Nagy rückblickend als das vielleicht* »fruchtbarste Ergebnis« *der Freundschaft bezeichnet, wenngleich Moholy – redaktionell immerhin unterstützt von seiner Frau Lucia – die Hauptlast bei der Umsetzung des am Ende 14 Bände umfassenden Projekts trug.*
Der als Band 8 der Bauhausbücher *in einer Auflage von 2000 Exemplaren erschienene Titel markiert in Theorie und Praxis den Beginn einer fotografischen Moderne, ein Gesamtkunstwerk im Geist des Konstruktivismus, dessen visionärer Gehalt von vielen geahnt, aber nicht immer ganz verstanden wurde. Ein Rezensent in der* Photographischen Rundschau *schrieb 1926:*

»Ob wir für oder wider diese, übrigens für den Filmpraktiker nicht mehr ganz neuen Ideen sind, wird es auf alle Fälle nicht unfruchtbar sein, sich mit ihnen auseinanderzusetzen.«

Die Zahl 60 scheint die Künstler und Verleger in der Zeit zwischen den Weltkriegen in besonderer Weise fasziniert zu haben. Schon August Sander hatte seinem Buch Antlitz der Zeit *den Untertitel* 60 Fotos deutscher Menschen *beigegeben. Renger-Patzsch folgte dem Konzept mit* Parklandschaften. 60 Fotos für die Warburgs. *Und auch die 1930 gestartete, allerdings kurzlebige Buchreihe zur fotografischen Avantgarde um 1930 bediente sich im Titel der offenbar »magischen« Zahl. Gestaltet vom »Jahrhunderttypografen« Jan Tschichold erschien 1930 mit* L. Moholy-Nagy: 60 Fotos *der erste Band –*

Ia Innentitel (Entwurf von László Moholy-Nagy) aus: *Staatliches Bauhaus Weimar 1919–1923*, Bauhausverlag Weimar/München

Ib Cover *Bauhausbücher 8, László Moholy-Nagy, Malerei Photographie Film*, München 1925

Ic Cover *Fototek 1*, hrsg. von Franz Roh, Berlin 1930

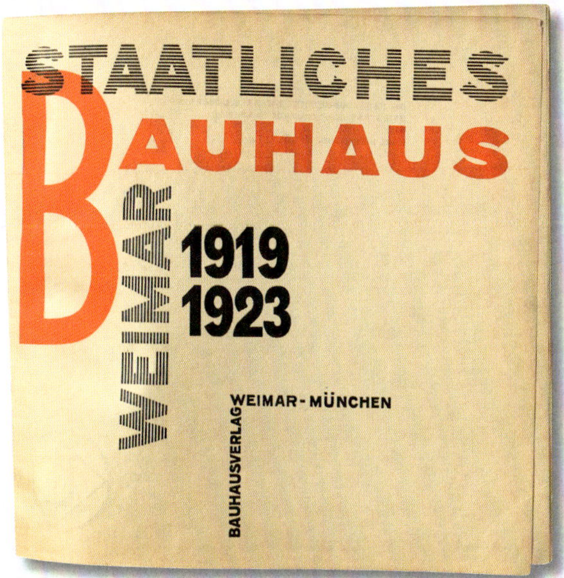
STAATLICHES
BAUHAUS
WEIMAR
1919
1923
BAUHAUSVERLAG
WEIMAR-MÜNCHEN

1a

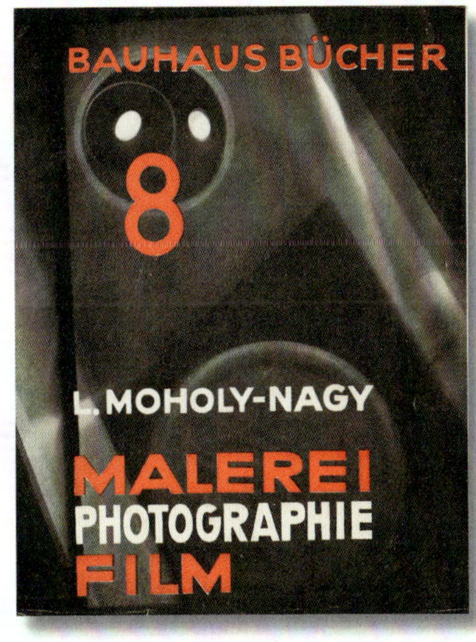
BAUHAUS BÜCHER
8
L. MOHOLY-NAGY
MALEREI
PHOTOGRAPHIE
FILM

1b

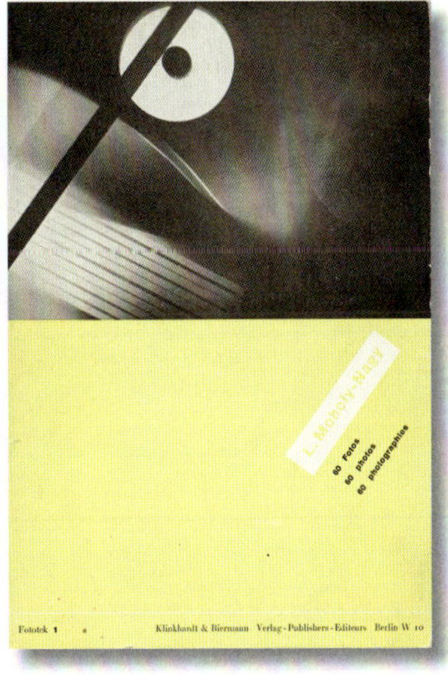
L. Moholy-Nagy
60 Fotos
60 photos
60 photographies
Fototek 1
Klinkhardt & Biermann Verlag-Publishers-Editeurs Berlin W 10

1c

zugleich die einzige Bilanz seiner Aktivitäten auf den Feldern Fotografie, Fotogramm und Fotocollage zu Lebzeiten. Der Herausgeber Franz Roh schrieb im Vorwort:

»Moholy-Nagy, ein seit Jahren in Deutschland lebender Ungar, spielt eine entscheidende Rolle in der Geschichte *neuester Fotografie.* […] Moholy rechnet als Maler zu den ›Konstruktivisten‹, jener Gruppe, die den Abstraktionsdrang heutiger Malerei bis zum äußersten führt, also die Gegenstände der Außenwelt nicht mal mehr fragmentarisch einbezieht, wie dies Expressionismus und Kubismus noch wollten. Reines Pigment der Farbe unter Organisierung streng geometrischer Formenwelt soll hier allein sprechen.«

2

Mit dem Ende seiner Zeit am Bauhaus und dem Wechsel nach Berlin ergab sich für den multimedial interessierten Künstler ein neues Aufgabenfeld, nämlich die Gestaltung von Bühnenbildern zunächst für die Staatsoper am Platz der Republik, besser bekannt als Kroll-Oper, etwas später auch für das politische Theater Erwin Piscators.

Hoffmanns Erzählungen *von Jacques Offenbach feierte am 12. Februar 1929 an der Kroll-Oper Premiere. Moholy-Nagy hatte das Bühnenbild beigesteuert. Bei diesem bisweilen als* »Jahrhundertinszenierung« *gehandelten Theaterereignis hatte der Künstler versucht,*

»aus Licht und Schatten Raum entstehen zu lassen. […] Alles ist durchsichtig«, *so Moholy,* »und alle Durchsichtigkeiten fügen sich zu einer überreichen, doch noch fassbaren Raumgliederung.«

Als zentrales Element fungierte eine über allem schwebende, sich nach hinten verjüngende Leinwand als Projektionsfläche für kurze Filmsequenzen. Ein Konzept, gegen das speziell die national-konservative Presse Front machte, wie eine Rezension im Berliner Lokal-Anzeiger *(13.2.1929) belegt:*

»Und um auch die Dr. Mirakel-Szene um jede Wirkung zu bringen, werden an der schrägen Decke der Dachkammer lächerliche Filmkinkerlitzchen verzapft.«

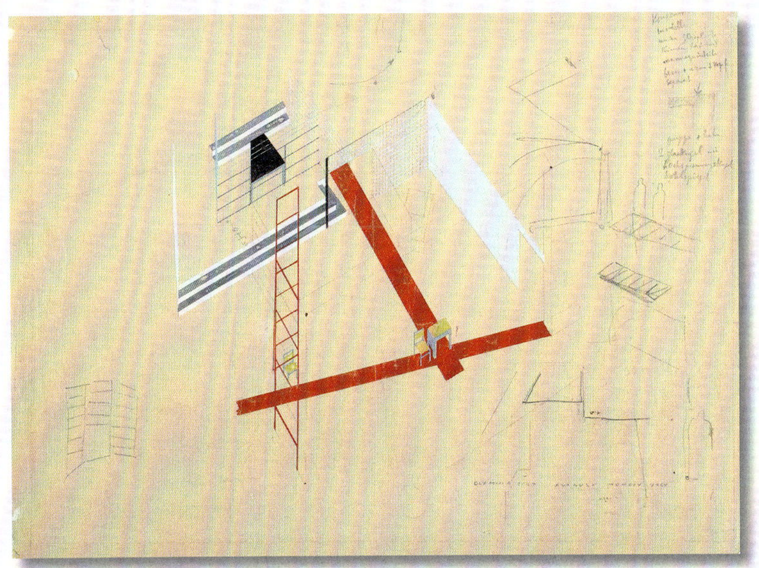

2a

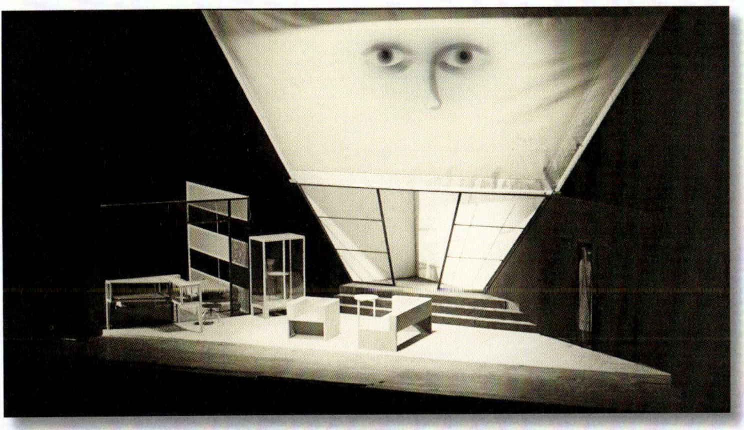

2b

2a Bühnenbildentwurf für *Hoffmanns Erzählungen* (1. Akt Olympia), 1928, Mischtechnik
2b Bühnenbild für *Hoffmanns Erzählungen*, Kroll-Oper Berlin, 1929, Fotocollage von Lucia Moholy

3

Auf Initiative der Association of Arts and Industries, einer dem deutschen Werkbund vergleichbaren Vereinigung zur Förderung des Industriedesigns, kam es 1937 in Chicago zur Gründung des »new bauhaus. American School of Design« mit Moholy-Nagy als erstem Direktor. Ungeachtet erheblicher, nicht zuletzt finanzieller Probleme, mehrfacher Umstrukturierung und Umbenennung (etwa 1944 in Institute of Design) konnte der frühere Bauhausmeister hier noch einmal und bis zu seinem Tod sein pädagogisches Talent ausspielen. Im Angebot, die Bauhausidee in den USA wiederzubeleben, sah Walter Gropius »a splendid idea« *und empfahl mit Schreiben vom 18. Mai 1937 an die Association of Arts and Industries seinen früheren Mitarbeiter Moholy-Nagy als möglichen Leiter:*

»He is the best man you can get, has had very wide experiences and is endowed with that rare creative power which stimulates the students.«

Über das erste Schuljahr berichtet Moholy in einem ausführlichen Brief an Gropius vom 8. Juni 1938, u.a. von einem Konflikt, der sich an der Frage der freien Kunst entzündete. Ein Teil der Schüler sah im Bauhaus eine »community of free artists« *und berief sich auf eine angebliche Äußerung von Gropius, der dies* »irgendwo so beschrieben« *habe.*

»[...] der größte Teil der Studenten hat, wie ich glaube, in allen Fächern Ausgezeichnetes geleistet. Aber schon während des ersten Semesters haben die paar älteren Studenten – meistens Maler – sich zu einer Gruppe zusammengetan und sich auf Deine oben erwähnte Äußerung berufen. Sie sind von verschiedenen Klassen weggeblieben mit der Begründung, daß sie der Stimme ihres Inneren folgend malen müssen. Sie haben in der Schule unter den anderen meist jüngeren Studenten Propaganda gegen die Bauhaus-Ziele als eine Entwurfsschule gemacht, verkündend, daß nur der freie Künstler das Erziehungsziel sein kann. Es sei eine Zumutung, von

---

3a László Moholy-Nagy, *the new bauhaus*, 1937, Umschlag des ersten Schulprospektes

3b Annonce *The new bauhaus*, aus: *Architectural Forum*, Oktober 1937

einem Künstler praktische Arbeit zu verlangen, selbst der Entwurf eines Plakates sei degradierend. Dies war eine schwierige Situation. Ich selbst fühle mich in erster Linie als Maler und ich kenne den großen Wert einer freien Kunstbetätigung. […] Ich habe Modellieren eingeführt, was neben der wissenschaftlichen Arbeit ein emotionelles Ventil für die Studenten ist. […] Ich bin nämlich überzeugt, daß wir und ganz besonders ich selbst zwischen 1920 und 1930 die technisch-wissenschaftliche Seite der Erziehung überschätzt haben und daß die gegenseitige Durchdringung der drei Disziplinen Kunst, Wissenschaft, Technik mehr beobachtet werden muß.«

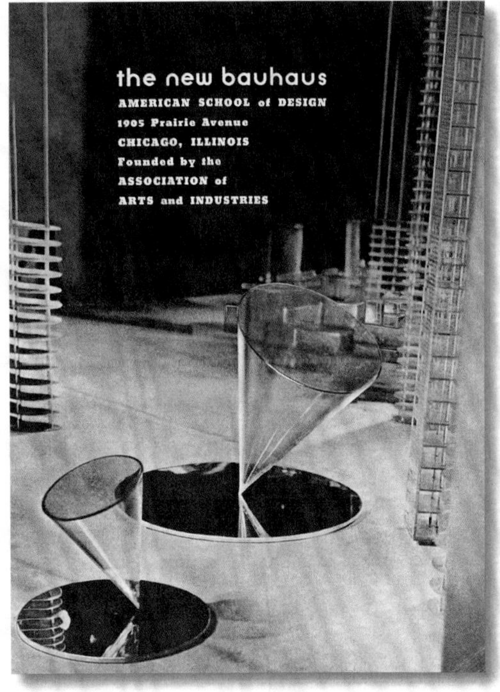

3a

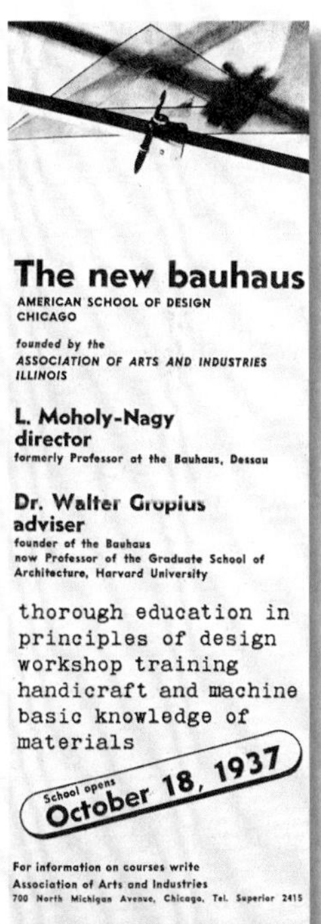

3b

QUELLEN

—

BILDNACHWEIS

Die Vorlagen wurden freundlicherweise von den in den Bildlegenden genannten Museen und Sammlungen zur Verfügung gestellt oder stammen aus dem Archiv des Verlags bzw. von: (die Ziffern geben die Seitenzahl an)

akg-images: 8, 15, 19–22, 24, 26, 36, 49, 61 u.
ARTOTHEK: 10
ARTOTHEK – Museum Folkwang Essen: 42, 47
Bauhaus-Archiv Berlin: 28
bpk: 61 m., 63 u.
bpk/CNAC MNAM/László Moholy-Nagy: 29, 40
bpk/The Metropolitan Museum of Art/László Moholy-Nagy: 39
bpk/The Art Institute of Chicago/ Art Resource, NY: 34, 51
bpk/CNAC-MNAM/Georges Meguerditchian: 18
bpk/Los Angeles County Museum of Art/Art Resource, NY/László Moholy-Nagy: 37
Bridgeman Images: 14, 59
Busch-Reisinger Museum: 25
Courtesy of the George Eastman Museum, Rochester: 23, 33

—

FOLGENDEN LITERATURQUELLEN WURDEN TEXTAUSZÜGE ENTNOMMEN:

(s. dazu auch Anmerkungen S. 54/55)

Sibyl Moholy-Nagy, *Laszlo Moholy-Nagy. Ein Totalexperiment*, Mainz/Berlin 1972: 72
Das A und O des Bauhauses, Leipzig 1995: 72
L. Moholy-Nagy. 60 Fotos, Berlin 1930: 74
Oliva María Rubio (Hg.), *László Moholy-Nagy. Kunst des Lichts*, München 2010: 74
Berliner Lokal-Anzeiger, Berlin, Nr. 75, 13.2.1929: 74
Peter Hahn/Lloyd C. Engelbrecht, *50 Jahre new bauhaus*, Berlin 1987: 76

Klinkhardt & Biermann Verlag
Lentnerweg 14
81927 München
Tel. +49 (0)89-93 93 37 56
info@klinkhardtundbiermann.de
www. klinkhardtundbiermann.de

Umschlagabbildung: *CH Beata I.* (Detail), 1939, siehe Seite 49
Doppelseite 2/3: *Komposition A XXI.* (Detail), 1925, siehe Seite 26
Doppelseite 4/5: *Climbing in the Mast* (Detail), 1928, siehe Seite 39

–
LEKTORAT
Tanja Bokelmann, München

–
GESTALTUNG UND HERSTELLUNG
Marion Blomeyer, Rainald Schwarz, München

–
LITHOGRAFIE
Reproline mediateam GmbH, München

–
DRUCK UND BINDUNG
Passavia Druckservice GmbH & Co. KG, Passau

Die Deutsche Nationalbibliothek verzeichnet diese Publikation in der Deutschen Nationalbibliografie; detaillierte bibliografische Daten sind im Internet unter http://dnb.d-nb.de abrufbar.

ISBN 978-3-943616-65-1

Printed in Germany

JUNGE KUNST

BISHER ERSCHIENEN

01 PAUL KLEE
02 PAUL GAUGUIN
03 VINCENT VAN GOGH
04 JOHANNES GRÜTZKE
05 YONGBO ZHAO
06 PAULA MODERSOHN-BECKER
07 AUGUST MACKE
08 FRANZ MARC
09 HEINRICH CAMPENDONK
10 EUGEN SCHÖNEBECK
11 EMIL NOLDE
12 MAX PECHSTEIN
13 WILLEM DE KOONING
14 PABLO PICASSO
15 LYONEL FEININGER
16 OTTO MODERSOHN
17 ALEXANDER ARCHIPENKO
18 HENRI MATISSE
19 WASSILY KANDINSKY
20 RICHARD GERSTL
21 KARL SCHMIDT-ROTTLUFF
22 GABRIELE MÜNTER
23 RUPPRECHT GEIGER
24 ERNST LUDWIG KIRCHNER
25 EGON SCHIELE
26 MAX BECKMANN
27 KOLOMAN MOSER
28 JOHANNES ITTEN
29 WERNER BERG
30 MARIANNE VON WEREFKIN
31 LÁSZLÓ MOHOLY-NAGY
32 HERMANN STENNER
33 ALFONS MUCHA

IN VORBEREITUNG

34 PETER AUGUST BÖCKSTIEGEL

Die historische Reihe *Junge Kunst* erschien von 1919 bis 1933 mit 62 Bänden im Klinkhardt & Biermann Verlag (gegründet 1907).
Seit 2012 wird die *Junge Kunst* überarbeitet neu aufgelegt und fortgesetzt.

WWW.KLINKHARDTUNDBIERMANN.DE